HUNGARIAN PROSE AND VERSE

LONDON EAST EUROPEAN SERIES
(LANGUAGE AND LITERATURE)

Under the auspices of the Department of Language and Literature, School of Slavonic and East European Studies, University of London

GROUP I. DESCRIPTIVE GRAMMARS

Handbook of Old Church Slavonic, Parts I and II
I. *Old Church Slavonic Grammar*, by G. Nandris
II. *Text and Glossary*, by R. Auty

GROUP II. HISTORICAL GRAMMARS

W. K. Matthews. *Russian Historical Grammar*
S. E. Mann. *Czech Historical Grammar*

GROUP III. READINGS IN LITERATURE

J. Peterkiewicz. *Polish Prose and Verse*
E. D. Tappe. *Rumanian Prose and Verse*
V. Pinto. *Bulgarian Prose and Verse*
G. F. Cushing. *Hungarian Prose and Verse*
Vera Javarek. *Serbo-Croatian Prose and Verse*

Hungarian Prose and Verse

A Selection with an Introductory Essay

by

G. F. CUSHING

Lecturer in Hungarian Language and Literature
at the School of Slavonic and East European Studies

UNIVERSITY OF LONDON
THE ATHLONE PRESS

Published by
THE ATHLONE PRESS
UNIVERSITY OF LONDON
at 4 *Gower Street, London* WC1

Distributed by Tiptree Book Services Ltd
Tiptree, Essex

U.S.A. and Canada
Humanities Press Inc
New York

0 485 17501 0

First impression 1956
Reprinted 1973

First printed in Great Britain by
WESTERN PRINTING SERVICES LTD
BRISTOL

Reprinted by photolithography in Great Britain at
THE PITMAN PRESS
BATH

Note

This selection is intended primarily as a reader for students with some elementary knowledge of Hungarian. It does not purport to represent the greatest literature of the period, although all the authors included play an important part in it. A strictly historical arrangement has been maintained, with the result that the more difficult passages will generally be found near the beginning of the book.

Footnotes have been kept to a minimum and are concerned chiefly with obscurities of vocabulary and grammar. In general, no comment has been devoted to those words and phrases which can be found in L. Országh's *Magyar-Angol Szótár* (Akadémiai kiadó, Budapest, 1953).

Certain less familiar forms appear frequently in the earlier passages. These are:

1. *The past historic*, formed by adding *-a/-e* (subjective), *-á/é* (objective) to the stem, e.g. *sérté*, *folytatá*.
2. *The future*, formed by adding *-and/-end* to the stem, e.g. *okozand*, and its participle, e.g. *megalapítandó*.
3. The possessive plural of nouns in *-i* alone, e.g. *elágazási* (=*elágazásai*).
4. The comparative of adjectives in - *b*, e.g. *nemesb* (=*nemesebb*).

London,
December 1954

G. F. Cushing

Contents

Introduction

I

THE modern period of Hungarian literature begins at the turn of the 19th century. The previous century had been one of stagnation, relieved only by sporadic and isolated attempts to break through the apathy fittingly expressed in the statement 'extra Hungariam non est vita: si est vita, non est ita'. Hungary was a country without a centre. The diet met at Pozsony (Bratislava) on its western frontier and within easy reach of the long arm of Vienna. The largest market was at Pest, a small, predominantly German-speaking town which had recently gained a potential cultural centre in the former university of Nagyszombat (Trnava), refounded there in 1784. The Hungarian language was very restricted in use. Latin was the official medium, and German was spoken in those circles which could afford to take an interest in literature, which meant that any new ideas were transmitted in these languages, while Hungarian was almost incapable of carrying them. Publishers were few and scattered; they were intimidated by a far-reaching censorship, ever on the watch for anti-Viennese or revolutionary tendencies. Even if these difficulties were surmounted and a book published, there was a dearth of readers and virtually no criticism to stimulate or reprove.

In these unfavourable circumstances literary activity was necessarily restricted, and new ideas penetrated the country exceedingly slowly. French enlightenment and German classicism found a few champions like György

Bessenyei (1747–1811), who with his companions at the court of Vienna attempted to transplant into Hungarian some of the ideas they found there, but with little success. It needed a political shock to wake language and literature into new life. The impact of Joseph II's reforms and the disturbance of the French revolution suddenly produced a new force—nationalism, which provided a springboard for linguistic and literary growth in Hungary. The Martinovics conspiracy, which came to light in 1795, numbered writers as well as revolutionaries in its ranks. The renewed restrictions it brought in its wake might well have stifled the new movement. Instead, one of those who took a minor part in the conspiracy and suffered lengthy imprisonment returned in 1801 to become the architect of modern Hungarian literature.

This was Ferenc Kazinczy (1759–1831), a scholar devoted to German classicism. He had the judgment and tenacity to build a firm foundation for the new literature, and at first was assisted by the linguistic reformation preached by the fiery Miklós Révai, professor of Hungarian at the new university. The death of Révai in 1807 and the subsequent appointment as his successor of the least competent applicant for the post left Kazinczy champion of both linguistic and literary reform. He quietly assumed the role of literary dictator, a post he held almost unchallenged for fifteen years.

Kazinczy was a methodical worker. Organisation and discipline, the discipline of severe classicism, were fostered under his strict guidance. He himself provided a centre of criticism, and slowly but surely drew a number of writers into his circle. He wrote little original work, but conducted a vast correspondence. He bullied and cajoled, meted out praise and blame, and argued the cause of Hungarian literature to all who would listen. Originality was of less importance at this early stage than classical form and strict composition; nationalist feeling—a potentially dangerous element—was projected into the past, as befitted the classical structure. It was an age of imitation, and translations of foreign, mainly German, authors provided the models. The poems of Dániel Berzsenyi (1776–1836) represent the highest achievement of the period. Under Kazinczy's guidance he combined patriotic sentiment with classical form and careful use of the rejuvenated language.

Kazinczy's patient labour wrought a remarkable transformation. By 1820 the majority of writers had been drawn into his sphere, and the old isolation broken down. A critical periodical was regularly published.[1] A close and lasting connection between linguistic and literary studies, still a notable feature in Hungary, had been established. But there were still many problems for him to face. Not all writers wished to submit to the overriding authority of the dictator. There were still very few readers and publishers in the country, and the language still had to compete with Latin and German. The way had been cleared, however, for future progress, whose very rapidity was a tribute to the perseverance of its pioneer.

II

The steadily rising tide of nationalism, assisted by a period of absolutism which lasted from 1812 to 1825, could not be kept within the limits imposed by Kazinczy. Nor was the younger generation of writers content to look to the past for inspiration and to the dictator for guidance. In 1821 there appeared an almanach, *Aurora*, produced by a group of younger authors in Pest. It was a small, well-

[1] *Tudományos Gyüjtemény* (1817–41).

illustrated volume with a judicious selection of verse and prose designed to attract the reader. Although it numbered among its contributors some of the pioneer friends of Kazinczy, its mood was predominantly nationalist and romantic, and its further issues emphasised this change.

Among the young writers who now began to make themselves known was Vörösmarty, who came rapidly to the forefront. His 'Flight of Zalán', whose closing lines form the earliest passage in this collection,[1] was a national epic showing clearly that a new master of the language had arrived. It was classical in form and metre, yet flexible enough to allow the language to display hitherto unsuspected power and majesty. Vörösmarty was acclaimed by most of his contemporaries—even though few of them actually bought and read his epic—but Kazinczy wrote with the bitterness of a deposed dictator:

> 'I am not ashamed to confess that I shudder at those who flatter *párducos Árpád* and I count it a disgrace to be regarded as their companion. I do not know what great sin that honourable man can have committed against the gods, that after being allowed to rest in his grave for a thousand years he is now dragged out by everybody who can make others believe that he too can hammer out an hexameter and scribble something like an epic.'[2]

'The Flight of Zalán' reached the heights of the Hungarian classical epic and at the same time sounded its death-knell. It was even in 1825 an outdated form. Vörösmarty turned to lyric poetry, like a true romantic, and found it more suited to the expression of his deepest feelings. He sang of love and death, patriotism and pessimism relieved rarely by a mere glimmer of hope. He was the first of the great

[1] P. 9. [2] A. Szerb, *Magyar irodalomtörténet*, 1943 edition, p. 271.

giants of poetry who stride across Hungarian literature of the modern age: Vörösmarty, Petőfi, Arany, Vajda and Ady all rise far above the contemporary scene. Of all of these, Vörösmarty is the most elusive. His greatness lies not merely in his mastery of language, or in his philosophy, neither in his classical equanimity nor in his romantic outbursts and echoes of folksong: it is in the rare combination of all these qualities that the essentially tragic greatness of Vörösmarty must be sought.

It was once customary to show the parallel and intertwined development of literature and politics by pairing Vörösmarty with Széchenyi and Petőfi with Kossuth. Neither comparison can be pursued very far. Széchenyi's 'Credit' was the result of economic and social study, like his gift towards the foundation of the Academy in 1825. He had little knowledge of Hungarian literature; as a magnate, he thought and wrote naturally in German. 'Credit' was a remarkable contribution to Hungarian prose. It proved beyond doubt that the language could now transmit new ideas. Its style was not that of a textbook; it was didactic and rhetorical, and demanded action. Its closing words[1] poured scorn on those who saw only the hopelessness of the present, and pointed to a happier future. Széchenyi was a man of action, not merely of ideas, and neither Vörösmarty nor any of his poet-contemporaries commanded the means or the power to break through the inertia of the tradition in which they had been born. 'If only the Hungarian would do something for his country' wrote Vörösmarty in his 'Song of Fót' in 1842, while Széchenyi had already acted with his large-scale plans for economic improvement, his steamboats, horse-breeding, bridge-building and other interests. It is significant that the most sympathetic recognition of Széchenyi's task came

[1] P. 1.

from the almost-forgotten pioneer Kazinczy on the eve of his death.[1]

Hungarian prose, which had been somewhat neglected, reacted more quickly to Széchenyi. His ideas were propagated in short stories and sketches rather than in lengthier works, with the exception of Fáy's social novel 'The House of Bélteky' (1832). The improvement of communications and the impact of social movements in the West brought French and English authors into the country to take their place beside the well-established Germans. Hugo and Scott became great favourites. Two novels, both showing the new literary trend, appeared almost simultaneously in 1836. The first, Gaal's 'Ilona Szirmay', was a lively historical romance, whose rapid action more than compensated for its loose construction.[2] This novel has always suffered unjustly by comparison with its contemporary 'Abafi',[3] a tale with a moral. Its author, Jósika, probed far deeper into the details of his story of a prodigal son than did Gaal. His characters were meticulously drawn and his situations built up with great care, to the detriment of the action. 'Abafi', however, won immediate popularity with all except its author, who later considered it one of his weakest works.

The pace of literary development quickened as the political tension grew. *Aurora* gave place in 1837 to *Athenaeum* which appeared twice weekly instead of annually, and gave space to the best scholarly articles in addition to prose, verse and critical reviews. The Academy slowly began its course as custodian of national ideals in many branches of learning. The use of Hungarian spread more widely than ever before; not only literary disputes, but political differences also began to be fought out in

[1] The unfinished poetic epistle 'To Count István Széchenyi' (1831).

[2] P. 28.

[3] P. 4.

pamphlet and journal. Prose in its various forms—novels, short stories, articles and orations—developed rapidly, and Hungarian verse became more widely read. In 1837 the opening of a national theatre in Pest offered drama a chance to take its place with the established literary forms, and incidentally served to emphasise the emergence of that city as the new centre of the country.

III

The years immediately before the revolution of 1848 were dominated by the figures of Kossuth and Petőfi. In politics Kossuth swiftly achieved the popularity which Széchenyi, however greatly respected, could never attain during his lifetime. In literature the dynamic personality of Petőfi, the poet of the people, overshadowed all others.

Kossuth was established as editor of the 'Pest News' (*Pesti Hírlap*) at the beginning of 1841 and straightway proclaimed himself the champion of constitutional liberty. He needed very little effort to sweep away Széchenyi's cautious and calculated ideas of reform with the hope of complete independence. He was a propagandist in the modern sense of that term; his articles and speeches all show that he knew how to arouse precisely the emotions he required. His speech at Szeged in the critical time of revolution[1] is a masterpiece of this style, and lest it should be thought that both orator and audience were carried away by the events of that period, we may recall that a speech of his in English at Manchester in 1859 was accorded a similar reception by an English audience. If political journalism and oratory were Kossuth's main direct contribution to the literature of his time, his thoughts and ideas were reflected by almost every writer of repute.

[1] P. 20.

Petőfi's brief and dazzling appearance in Hungarian literature was like that of a comet. He was a genius, whose every feeling found its true expression in poetry, without any of the restraint shown by his predecessors. Love, patriotism, revolution—and Petőfi was by far the most revolutionary figure in Hungary at this time—pastoral scenes and prophecy can all be found in his works matched with an incomparable lyric genius, as those who later tried to imitate him quickly discovered. Vitality was the keynote of his poetry. The restraining bands of Kazinczy's classicism and the graceful, polished idiom of Vörösmarty gave way to the sheer energy of Petőfi. His brief lyric love poems display every shade of feeling from tenderness to passion, without any striving after effect. Vörösmarty's 'Reverie'[1] foreshadowed the language of Petőfi, but there is an immense difference between his cautious conditional and the direct indicative of the latter's 'I'll Be a Tree',[2] and between what Vörösmarty doubtless felt to be somewhat daring epithets and Petőfi's almost savage language. The younger poet never toned down his emotions, nor did he have to force them into metrical form. Rhythm and rhyme were natural aids to him, not hindrances. The traditions of folk-poetry in him were no longer evoked as mere experiments, but reached real and lasting synthesis with the main stream of literature.

The vitality of Petőfi was not confined to love poetry alone. National aspirations called forth an immediate and vigorous response. Like Széchenyi he could aim merciless satire at the present and past,[3] but he possessed a far richer and rougher vocabulary with which to do so. 'The Hungarian Noble'[4] was mild indeed compared with the fury he

[1] *Ábránd*, p. 13. [2] *Fa leszek, ha . . .*, p. 60.

[3] E.g. 'Nightingales and Skylarks' (*Csalogányok és pacsirták*).

[4] *A magyar nemes*, p. 61.

unleashed during the revolution. Mere patriotism, however, was not the full extent of his vision. In the remarkably prophetic 'One thought torments me',[1] he dreamt of world freedom, a concept considerably in advance of his age, when the independence of Hungary bounded most horizons. He loved his country and knew how to portray its landscapes and its people, as for instance in 'The Alföld' and 'The Inn at the End of the Village'.[2] The sprightly humour of 'It's Raining'[3] is perfectly matched by its brevity. It would be wrong, however, to imagine that Petőfi's feelings were all on the surface. He had occasional flashes of deep insight, expressed, for example, in 'Grief'[4] or his justly famous 'At the End of September'.[5] He became a legend among people who had previously had little or nothing to do with literature, and his fame spread far beyond the bounds of Hungary.

It was only to be expected that others would be caught up in the whirl of national optimism of this era. The heights of this optimism were reached by Petőfi himself, who wrote: 'If the earth is the hat of God, our land is the garland on it'.[6] In this atmosphere the serious novel had less chance of popularity than the short humoresques and sketches which flooded the literary scene, much to the disgust of the earnest reviewers. Nevertheless many of these stories showed early appreciation of the difficult art of the short story. Eötvös was one of the few authors who successfully used the form of the novel to throw vivid light on the social problems of his age. His 'Village Notary'[7] expressed his belief, inherited from Hugo, that literature was of value only if it strove to right wrongs and to fight for the highest

[1] *Egy gondolat bánt engemet*, p. 62.

[2] P. 58 and *Falu végén kurta kocsma*, p. 65.

[3] *Esik, esik, esik*, p. 60.

[4] *A bánat?*, p. 61.

[5] *Szeptember végén*, p. 66.

[6] 'The Hungarian Nation' (*A magyar nemzet*, 1846).

[7] P. 31.

ideals of its age. Eötvös attempted to weave as many social abuses as possible into his tale, and the result is an uneven work, hindered rather than helped by the ponderous style and didactic tone he adopted. But certain scenes stand out vividly, like the picture of the election included here, and the reaction of some of his readers showed that Eötvös had touched many raw spots; one critic declared that it was no more than an eight-volume leading article from Kossuth's paper.

Vörösmarty, too, now numbered among the older generation, was sufficiently aroused by the events leading up to 1848 to write his bitter 'Parliament House',[1] but, as always, his was a passing mood. His 'Poor Woman's Book',[2] written at the same period, shows him at his most delicate and sympathetic, and is far removed from the bustle of the contemporary scene.

When revolution came, heralded by Petőfi's 'National Song'[3] and fanned by Kossuth's blazing oratory, it was natural that writers should support it in word and deed. The first steps were taken in Pest by a literary group; at the same time the Diet in Pozsony was scared by the rumour that Petőfi had put himself at the head of a band of 40,000 peasants. For a brief period action was the key-note; it seemed at last that the national ambitions of Hungary were to be fulfilled.

IV

1849 brought swift and shattering death to the high hopes of the previous year, and ushered in yet another period of absolutism, which was now all the harder to endure with the memory of those hopes still in mind. The

[1] *Országháza*, p. 14. [2] *A szegény asszony könyve*, p. 15.
[3] *Nemzeti dal*, p. 68.

great figures of the immediate past had gone away; Kossuth was in exile, Petőfi had disappeared in battle, Széchenyi's mind gave way beneath the strain of self-torture and Vörösmarty retired, a sick and broken man. Others, like Eötvös, were in exile or hiding from a regime which was determined to bring all revolutionaries to account and imposed a fierce censorship on all literary activity.

The first dumbness of defeat was followed by recrimination. The process can be seen at its best in Arany, who had leapt to fame with his *Toldi*, a national epic in Hungarian idiom, before the revolution. During 1848 he wrote little; he supported the movement out of duty and not from conviction—his 'What Shall We Do?'[1] is an extraordinarily bloodthirsty poem for one of his disposition. 'I Lay Down the Lyre'[2] expressed the immediate reaction to defeat, while recrimination appeared in his ruthless caricature of revolution, 'The Gipsies of Nagyida',[3] for which he later apologised and which to this day has never been discussed fully. In prose, Zsigmond Kemény also sought to blacken the character of the great figures of the revolution. Both writers were seeking a new path for national literature. The best solution to the problem of national ambition had been attempted and had failed; now an alternative had to be sought, which at most could only be second-best. It is this thought which underlies the main stream of Hungarian literature until the *Ausgleich* of 1867.

The reconstruction of Hungarian literary life to this new, less inspired pattern was a difficult process, but was attempted with success by a group of writers who could speak with the authority of the Academy and at the same time support the policy of Deák. 'Peragit tranquilla potes-

[1] *Mit csinálunk?*, p. 46. [2] *Letészem a lantot*, p. 46.
[3] *A nagyidai cigányok*, 1852.

tas, quae violenta nequit' was the new slogan. Of this group, Arany became the accepted 'poet laureate', Kemény the chief publicist and novelist, and Pál Gyulai (1826–1909) the official critic. All were ripe in experience, if not in years. Once more classical discipline and restraint became the order of the day, and few indeed were the authors who could afford to ignore it.

Arany was the giant poet of this period; he ranks as the greatest of all epic and ballad writers in Hungarian literature. His doubt of himself and his ability was combined with a scholarly approach to the problems of verse, which enabled him to flourish within the restrictions of his time. He was for ever ailing, both physically and mentally, for the scars left by the revolution did not heal in him, yet he turned his moods into humorous self-reproach, where Petőfi would have proclaimed them for all to know. He was ever conscious of the failings of his country—the theme of national sin constantly creeps in. Like his contemporary, Kemény, he could be silent where Kossuth and Petőfi would have spoken, and he constantly proclaimed that he had finished writing—neither 'I Lay Down the Lyre' nor 'Epilogue'[1] was his last verse. He was even disciplined enough to write the most polished verse without the least inspiration; his Széchenyi ode of 1860 is the classic example of this. Arany typified the mood of the time, but unlike most of his fellow-poets, was able to produce the best from what he knew within himself to be only second-best inspiration.

It is very difficult to capture the real merit of his epics without considerable study of background and detail; these have therefore been omitted from the present collection. But his ballads show his mastery of brief, vivid style and rhythm. 'Mátyás's Mother'[2] is a model of brevity,

[1] P. 54. [2] *Mátyás anyja*, p. 48.

while 'The Bards of Wales'[1] would appear at first sight to be a translation, like his brilliant version of 'Sir Patrick Spens'. In fact it is allegorical, and was written for the visit of Franz Josef to Hungary in 1857,—a fine example of 'tranquilla potestas'.

Kemény also portrayed the inner conflict of the times in his huge and gloomy novels. Like Jósika before him, he owed much to Scott for the setting of his works, but his deep researches into the problems of the human soul were far more important than mere historical background. The extract from 'The Fanatics'[2] displays his style at its best; the action was always slow and inexorable, the dialogue elementary, but the host of torturing, unanswered questions, self-condemnation and doubt were all the more effective. It is not surprising that he became mentally deranged. As a publicist he had far greater popularity; his deliberate silences on matters of important policy were often far more effective criticism than the expected tirade. This too was in accordance with the discipline of the time, and it was not without reason that the friends of Arany, Kemény and Gyulai were termed 'the literary Deák-party'. Deák himself was a philosopher-statesman of a very different calibre from that of Kossuth or Széchenyi; his early 'Letter to a Friend's Son'[3] shows his nature at a time when others were being swept off their feet by the rapidity of events.

It was unfortunate that Gyulai insisted in his much-feared criticisms that younger poets should model themselves upon Arany. If they obeyed, they became mere echoes; if they did not, they were outcasts. There were some who in their day were regarded as great contemporaries of Arany and Petőfi merely because they were their

[1] *A walesi bárdok*, p. 51. [2] *A rajongók*, p. 36.
[3] *Levél egyik barátja fiához*, p. 24.

friends. Among these was Tompa, who displayed considerable delicacy and skill in verse of the folksong type, but lacked fire. He will always be remembered for his allegorical poem 'The Bird to her Young',[1] addressed to the poets silenced and benumbed by the collapse of the revolution. Another, very much longer-lived follower of Arany was Lévay, most of whose works are now forgotten; he captured a moment of sheer beauty in his *Mikes*.[2]

The outcasts had to fight stern battles for recognition. Jókai was by far the most successful and prolific of those who were castigated by Gyulai. He was blessed with a fertile imagination—the main cause of the critics' assaults,—a facile pen and a delight in telling stories for their own sake. Always an individualist, he took not the slightest heed of the angry pronouncements of the literary Deák-party, and to their chagrin won increasing popularity in Hungary and abroad. His childlike optimism, romantic plots and frequent escapism seemed the very antithesis of the national literary need; the feeling of the day was perhaps best expressed by Arany in his 'Cosmopolitan Poetry'.[3] Jókai derived his style not from the Jósika-Kemény tradition, but from the lighter sketches and short stories which had displeased critics in the age of Kossuth. No other Hungarian writer has ever reached the extraordinary breadth of his fantasy, which ranged from prophecy to the semi-scientific fiction familiar to the readers of Verne, from local scenes in Hungary to the uttermost parts of the earth and from ancient history to future events. 'Which of the Nine?'[4] is one of his earlier tales, but displays all the characteristics which endeared Jókai to his wide audience.

Vajda was also disowned by official circles, but unlike Jókai had to fight a losing battle and never reached real

[1] *A madár fiaihoz*, p. 44.
[2] P. 77.
[3] *Kozmopolita költészet*, 1877.
[4] *Melyiket a kilenc közül?*, p. 70.

recognition during his lifetime. He retained the fiery spirit of the revolution long after it was officially dead, and added to this the bitterness of disappointment in love and a desperate longing for peace with the world and himself. He had much more in common with Arany and Kemény than had Jókai, but instead of restraining his feelings he declared them with a passionate intensity which surprised and shocked them. He was a lonely giant and made himself the centre of every experience. His powerful language had a far wider range of expression than that of his contemporaries, and his tortured imagination evoked pictures which would not have been out of place in the works of his greater successor, Ady.

In 1867 there came the *Ausgleich*, the compromise solution to the Austro-Hungarian problem, largely engineered by Deák. But it was not heralded with songs and verse like the revolution, even by the supporters of Deák. We may suspect that their silence cloaked their real feelings.

V

After 1867 a period of relative stagnation ensued. Kemény died in 1875 and Arany, after a sudden burst of unwonted energy, followed him in 1882, thus leaving the fate of national classicism in the firm but uninspiring hands of Gyulai. But important social and economic movements were afoot, and the literary pattern began to change in accordance with them. Budapest grew with astonishing rapidity as foreign capital and new industry—belatedly—arrived in the country, and the sharp distinction between city and country life began to show itself in literature. It became increasingly common for writers to hold some official post; in short, literature became an accepted part of Hungarian life, and poetry in particular displayed a dull respectability when it followed the approved Academy line. There was no dearth of moderate writers, but originality was chiefly to be found in those who rebelled against authority.

It was during this period that Mikszáth began to win well-deserved popularity. He wrote of the society he knew and understood best—the decaying gentry and minor officials of the Hungarian countryside, debt-ridden and anachronistic, yet real and colourful. He knew how to tell a story and point a moral without the heavy-handedness of his predecessors. In language he used dialect words freely. 'The Blacksmith and the Cataract',[1] one of his non-political sketches, shows his method at its best. Mikszáth's picture of society was sympathetic yet critical; he revealed its weaknesses and laughed at them, a method later applied with deadly accuracy to literature itself by Frigyes Karinthy.

Towards the end of the 19th century a new generation of writers began to appear. They had missed the revolution, and were far more conscious of their own surroundings than of the glories of the past. Zoltán Ambrus (1861–1932) began the modern trend in literature, and Herczeg quickly became the favourite author of the high society he depicted in his novels and plays. His polished elegance and sure touch were allied with restrained irony as befitted the editor of a modern conservative periodical, 'New Times' (*Új Idők*), which he started in 1895, and which had a great vogue until the second world war. Herczeg was cosmopolitan and shone in the society of the capital, whose intrigues and whims he depicted in his works. 'The Frogs'[2] displays his mastery of the short story.

Herczeg's great contemporary, Gárdonyi, turned to the

[1] *A hályog-kovács*, p. 82. [2] *A békák*, p. 94.

country for his inspiration. At a time when the romantic, singing peasant was fashionable on the Budapest stage and Mikszáth's impoverished country-nobility was equally popular, he wrote of village life with its realities in a curiously stifled style which appears to leave much unsaid. His brief and almost forgotten 'Childhood Memories'[1] contain much of the dispassionate observation that gives Illyés' 'People of the Pusztas' its distinctive quality. 'The Stars of Eger',[2] one of his popular historical novels, again emphasises the role of the Hungarian villagers. Herczeg peopled his historical works with lords and ladies; Gárdonyi with peasants. Both were beginning to make themselves known in Hungarian literature at a time of new experiment, and both were quite suddenly pushed into the background by the arrival of the most controversial figure of modern times, the poet Ady.

VI

Ady burst in upon Hungarian literature with an impact that shattered its previous structure and immediately made him the centre of controversy. Even to-day, although his greatness is established, he remains a much-disputed figure. Critics have regarded him as a belated representative of the European *fin-de-siècle*, as a revolutionary, prophet or mystic, as a sensual lover, an austere Calvinist or an ardent nationalist, but the real Ady was made up of all these often contradictory traits. To the readers of the staid poets of the late 19th century his violent language, weird imagination and haunting fears seemed incomprehensible; Vajda, had he been alive, might have understood something of this new poet, who declared

[1] *Gyermekkori emlékeim*, in 'Jövendő', 1903. See p. 93.

[2] *Egri csillagok*, p. 89.

openly in his first important collection of verse[1] that he would write new songs for new times,[2] whatever the personal cost.

The selection of his verse given here merely shows some of his many characteristics. Such impressionist poetry as Ady's can rarely be translated adequately, but its beauty and astonishing strength can at least be sensed. 'Autumn Walked in Paris'[3] was written during one of his many pilgrimages to that city, where so many modern Hungarian authors have found inspiration. Its colourful epithets and restless mood differ greatly from 'The Peacock Rose Up',[4] which starts with a folk-song and develops into a thunderous prophetic threat. 'Alone with the Sea'[5] is one of Ady's many love poems to 'Léda', a series of swift pictures with a spell-like rhythmic refrain. The Bible and fatalism stand out in 'Elijah's Chariot',[6] and Ady's ever-present fear of death in the extraordinarily beautiful 'Death's Horses'.[7] The picture of his birthplace[8] borders on the cynical and despairing, while the 'Poem of the Proletarian Boy'[9] displays the revolutionary Ady. One of his finest poems in mystic vein, and indeed one of the greatest poems ever written on the outbreak of the first world war is 'Memory of a Summer Night'.[10]

All Ady's work, prose and poetry alike, was intensely subjective. His whole life was an unplanned succession of vivid experiences which found their way into writing, and it is impossible to make him the prime advocate of any

[1] New Verses (*Új versek*), 1906; he had previously written two volumes (*Versek*, 1899 and *Még egyszer*, 1903) which gave little indication of what was to come.

[2] *Góg és Magóg fia vagyok én*, p. 106.

[3] *Párisban járt az Ősz*, p. 107.

[4] *Fölszállott a páva*, p. 107.

[5] *Egyedül a tengerrel*, p. 108.

[6] *Az Illés szekerén*, p. 109.

[7] *A Halál lovai*, p. 110.

[8] *Séta bölcső-helyem körül*, p. 110.

[9] *Proletár-fiú verse*, p. 111.

[10] *Emlékezés egy nyár-éjszakára*, p. 113.

particular cause by emphasising one part of his strange character to the detriment of the rest. He must be accepted as an individual author who broke through the conventions of his age and heralded the modern, 20th-century period of Hungarian literature.

The development of individual characteristics became very much more marked during the early years of the present century. The literary periodical 'West' (*Nyugat*) became a rallying-point for a new generation of writers whose desire was to be linked with West European thought, but it did not stifle individual ability. The Ady-controversy provided a fruitful source of literary criticism, and the coffee-houses of Budapest became the usual haunts of literary circles, whose members frequently wrote for the national press. It was a time of extensive creativeness, thought and criticism, and it produced a number of brilliant writers.

Of the *Nyugat* circle, Babits strove to achieve a synthesis between Hungarian traditions and the wider European and classical ideals. He was a humanist of wide scholarship —his 'History of European Literature' pays remarkable tribute to this—and a poet with an unrivalled mastery of sound and rhythm, which could occasionally carry him away. His work was just as subjective as that of Ady, but contained an element of polished dignity and nobility which befitted the translator of Dante and lent him a certain reserve. His spiritual pilgrimage was a long and complicated journey, from the formal verse of his early years through the first world war and the various fashions of the post-war period to the prophetic majesty of his 'Book of Jonah'.

Kosztolányi, Babits' contemporary, started with the same formal delicacy, but achieved a direct simplicity of language which is looked upon to-day as a model for would-be writers. As a poet he was popular and wrote with deceptive gracefulness which often cloaked his real feelings. His prose works, and in particular his short stories, are models of clarity and precision. His role was a very necessary one in the world of Ady and Babits, both of whom played successfully with language which might well have proved dangerous to less daring writers; Kosztolányi was less subjective and nearer to the life of the world around him. Though he struck a perpetual pose, the real Kosztolányi breaks through, as for example in the tragic little verse 'I've Learnt it All'.[1]

Among the prose writers of this circle, Móricz soon rose to prominence, and with his coming the idea of the romantic peasant died. He did not scorn the use of dialect as he described the harsh reality of peasant life in the lowlands, and his careful description, vivid contrasts and robust language invested his work with the stamp of genuineness and certainty. 'The Bursary'[2] shows his method. With Mikszáth there was social criticism, but it could be overlooked in the fun of the tale: Gárdonyi gave a dispassionate account of the Hungarian village, but Móricz demanded continual attention to the problems he described with first-hand knowledge.

It is natural to mention Móra after Móricz, although he was not one of the *Nyugat* writers. Móra remained a provincial author, and yet achieved widespread fame throughout the country. His knowledge of the Szeged area, where he lived and died, was unparalleled, and allied with keen observation, gentle humour and a touch of lyricism, it made him popular with adults and children alike. His immediate predecessor, Tömörkény (1866–1917), had travelled a similar road, but without achieving the

[1] *Már megtanultam*, p. 149.

[2] *A stipendium*, p. 132.

recognition Móra commanded. 'Confessional Dinner'[1] is a delightful tale, skilfully and simply told, and with an unexpected final twist that shows the mastery of its author. It was no small achievement to obtain a place among the great writers in an age when recognition almost inevitably depended upon residence in the capital and contribution to its literary life.

When we turn from the realism of Móricz and the scholarly prose of Móra to Krúdy's romantic prose-poetry, it is hard to realise that he was their contemporary. Krúdy was stirred by elusive moods and memories, which he moulded into a unique style. The countryside in a romantic past age appealed to Krúdy far more than the reality of the present. Plot mattered little and time not at all, but mood meant all the more to him; in this magic, half-expressive, dreamy world the author himself lived and won admirers. He rarely emerged from it; indeed the posthumous publication of his *Dudorászi* in 1948 caused considerable surprise, for it showed that there had been times when he had approached the realistic outlook of his contemporaries.

The ever-increasing spell of Budapest and city life soon produced a number of cosmopolitan authors whose urbane comedy and characters would not have been out of place in any other European literature. Herczeg has already been mentioned. With him there grew up Heltai, the master of light verse, comedy and prose. He owed much to French inspiration, and his delicate wit has become well-known beyond his own country. His colloquial style and economy of expression are well suited to his themes, which may seem slight to portentous critics, but nevertheless make good and enjoyable reading.

It was Ferenc Molnár who succeeded in invading the

[1] *Vallató vacsora*, p. 125.

fashionable European and American world with his dramas, but in Hungary, where critics inherited the anti-cosmopolitan views of the previous century, his children's classic 'The Boys of Paul Street' (*A Pál-utcai fiúk*, 1907) established his fame. In this collection, however, Molnár appears in a different light. His 'Memoirs of a War Correspondent'[1] include passages which have rarely been matched in their graphic simplicity; this one describes the same time as Ady's 'Memory of a Summer Night'[2] and catches something of the same mystical mood, but in prose.

Equally cosmopolitan, yet very different in style and subject, was Frigyes Karinthy. It would be easy, yet quite wrong, to dismiss him merely as a humorist whose sketches are similar in style to those of Stephen Leacock. Karinthy used his gift of parody to pour ridicule on the excesses of his contemporaries. This was, in fact, a form of criticism which was far more to be feared than a mere unfavourable review, and it extended beyond the bounds of literature. 'The Psychology of the Revolutionary Movement'[3] is a vigorous attack on Marxist practice, and the glorious absurdity of the 'Art of Translation'[4] contains much more than humour. It is not surprising that Karinthy wrote a continuation of 'Gulliver's Travels'. Certainly no other Hungarian author has attempted this unusual literary role with such outstanding success.

The complex situation in Hungary between the two world wars and the clash of political, social and economic views of this feverish age saw the rise of even greater literary variety, with the passing fashions fleetingly reflected in its works. Although *Nyugat* still commanded respect, it had to contend with rivals of all kinds. Among the numerous

[1] *Egy haditudósító emlékei*, p. 121.
[2] P. 113.
[3] *A forradalmi mozgalom lélektana*, p. 166.
[4] *Műfordítás*, p. 168.

poets of this time Juhász and Tóth stood far above their contemporaries. The former led a tortured, hypochondriac life, at odds with everyone, including himself, yet never able to break through his passivity. His verse can be deceptively calm and beautifully phrased, yet the fears which continually beset him are never far away. Where Ady would have burst into fury, Juhász is resigned. Tóth, who also had to fight for life against tuberculosis, was by far the most brilliant artist of his time. His discipline of form and language made every poem a gem, and his many translations are astounding examples of that very difficult art. Neither he nor Juhász experimented with new forms or strange language for the sake of effect.

If these two poets are regarded as of the left wing, so too was Kassák, whose chief title to fame must still rest upon his lengthy autobiography, and not upon the free verse which was popular at one time. Almost, but not quite, the proletarian author, his literary progress followed the varied fashions of the age, from expressionism and futuristic verse to the stark realism of his autobiography, where he reveals himself as a keen observer of industrial life.

The true proletarian poet was Attila József, who unlike Kassák, was born and bred in the utter poverty of industrial Budapest. His verse varies from thunderous denunciation of capitalism to the gentle melancholy of hopeless poverty, and once again echoes the fashions of the time—and more particularly Freudism. József, however, was just as much an individualist as Ady; he was far more limited by his circumstances and has had to wait for posthumous fame. In his unusual verse, mystery, horror, strange fears and obsessions are mingled with everyday scenes, interpreted by a remarkable intellect in lyric poetry of such ease that it sometimes seems ill-matched with its subject. The three poems included here display utterly different moods; the 'Kings of Bethlehem'[1] contains a mixture of Christian and pagan lore in folksong style, 'Suburban Night'[2] is both strange and graphic, and his 'Welcome to Thomas Mann'[3] achieves a classical solemnity.

Gyula Illyés is one of the few established Hungarian writers who have survived the second world war. 'People of the Pusztas'[4] raised him to the front rank. It is an objective account of his own previously neglected strata of society and combines the interest of a good autobiography with the detail of a documentary novel. His verse has been of a more conventional 'social lyric' style.

Like Illyés, Lőrinc Szabó has survived the last war. A former follower of Babits, he broke away from his master and followed his own restless, sensitive path. The story of the relationship is told graphically in 'Babits'.[5] His verse has remarkable poise without perhaps reaching great depths of feeling. Szabó, however, is a master of the brief sketch and can capture the momentary scene in brilliant colour.

Among the many regional writers of the most modern times, Tamási must be included as a representative of Transylvania, where a lively Hungarian literary tradition was maintained after its incorporation in Rumania. Abel,[6] the Székely lad with his picturesque language and sharp wits, is his most outstanding character.

Of the authors who now live outside Hungary, Zilahy is perhaps the best known. He writes with ease and prefers action to psychological problems. His ability to tell a good story has gained him a large audience outside his own country. 'The Windmill with Silver Sails'[7] is an early short story, set in Hungary and delicately told.

[1] *Betlehemi királyok*, p. 192.
[2] *Külvárosi éj*, p. 193.
[3] *Thomas Mann üdvözlése*, p. 196.
[4] *Puszták népe*, extract, p. 186.
[5] P. 181.
[6] P. 176.
[7] *Az ezüstszárnyú szélmalom*, p. 171.

Márai, on the other hand, delves very deeply into the soul of his own decaying middle-class. Despite his elegant style, the irony and disillusionment for ever present in his novels make them uneasy reading. In other works, however, such as the essay 'Star'[1] included here, he becomes less subjective and far more approachable as a writer.

VII

The modern age of literature contains so many varieties of all kinds that it has been impossible to mention more than a mere handful of its authors; moreover the period from Ady onwards is too close to be seen in true perspective. But it is at least possible to realise what an immense advance has been made during the period covered by this anthology. Despite the catastrophe of 1849, the division of Hungary after 1919 and the death of so many leading authors during the time of the second world war, Hungarian literature has continued to flourish. In this post-war age, it has necessarily widened its bounds, and works are published in the language in all parts of the world—a tribute to its virility. In Hungary proper, the catastrophe of the war and the establishment of a totally different regime seem to have retarded growth for the present, but there is no doubt of the interest in literature and its problems shown by a very large proportion of the present generation; this is sufficient to arouse hope for the future.

[1] *Csillag*, p. 182.

István Széchenyi
(1791-1860)

Végszó

Ha ezen előadott tárgy értelmét s több elágozásit csendes vérrel átgondolom, senkisem érzi s nem tudja jobban mint én, mily különféle s nem mindenkor legkellemesb benyomásokat okozand a közönségre. Jóakaróim száma kevesedni, rosszakaróimé nőni fog, s így rám nézve fáradozásom láthatólag több kárt hozand, mint hasznot. Lesznek ellenben, habár kevesen is, olyanok remélem, kik lelkem és szándékom tisztaságát elismerendik; — lesz továbbá egy bizonyos valami legbelsőmben, ami túl fogja élni az előítéletek s balvélekedések múlandóságát. — Azok hajlandósága, — mert korántsem érzem magamat elég erősnek egyedül is ellehetni a világon — lélekisméretem csende s azon remény: „lesz egykor haszna munkálkodásimnak" minden jutalmam.

A hazaszeretetet sokan úgy képzik,[1] mint Amort, bekötött szemekkel. Így hátramaradást, hibát nem láthatnak, míg a sűrű kendő homlokok körül; ha ez egyszer leesik, minden báj is egyszerre megsemmisül. A hon igaz szeretete, vallásom szerint valamely nemesb s állandóbb gerjedelmek tartalma, nem vak szerelem, s azért nincs is oly változó fázisok alá vetve, mint azon mágusi de mégis tökéletlen érzés, mely csak nyomorúságunkra emlékeztet, midőn pillantatokig félistenekké magasít s megint minden szép vágyink mellett is porba gázol.

[1] I.e. *képzelik*.

Ha mindent nem dícsérek hazámban, abbúl[1] foly: mert hazámhoz nem oly gyenge kötelék csatol, mint valaha Venus fiát Psychéhez — a világosság híja. — Ha anyaföldünk mocsárit, kopárságit említem s nem dícsérem: hazaszeretetbűl ered; mert inkább viruló kerteket kívánnék ott szemlélni, hol ma vadkacsa s vadlúd, vagy homok és por. — Ha előítéleteket megtámadni, balvélekedéseket gyengítni, oszlatni s a tudatlanság sokszori büszke szavát nevetséges hanggá iparkodom változtatni: hazaszeretetbűl cselekszem; mert sohasem hihetem, hogy előítélet, balvélekedés s tudatlanság alapja lehessen egy nemzet előmenetelének s boldogságának.

Előre el vagyok készülve a rossz hazafi nevezetre;[2] mert átaljában[3] mindent nem dícsértem s mindent felhőkig nem emeltem. Sok tán azt fogja mondani: „Ocsmányolja hazáját".

Két gazda közül ki cselekszik józanabbul: az-e, ki magára s másokra fogja, hogy egész határja legjobb búzaföld, s így vakságában földei legnagyobb részét javítás nélkül hagyja; vagy az, ki magában így szól: „Része birtokomnak jó karban áll, részét víz bírja, becstelen fák vagy bozót fedi, része pedig sovány, homokos föld, s így árkokat kell vonnom, irtanom, ültetnem, s a t."

„Nevetségessé teszi hazáját" — ezt is fogja néhány pengetni — mert némely rajzimban tulajdon rútalmokra fognak ismerni. Ezek ne gondolják, hogy ők teszik s alkotják a hazát s ne tolják azt, ami egyedül s egyenesen őket illeti, a hazára.

. . .

[1] Széchenyi uses the forms *-búl, -bűl*, for *-ból, -ből.*

[2] I.e. *nevezésre.*

[3] = *általában.*

Semmi sem áll csendesen a világon, még a napszisztémák is mozognak, — tehát csak Magyarország álljon s vesztegeljen mozdulatlan? Nem nevetséges törekedés-e ez? Vagy azt gondoljuk: hogy a Lajtátúl[1] Feketetóig, s Beszkéd bérceitűl Dráváig fekvő, csak 4000 négyszeg[2] mértföldnyi tartomány az universum közepe — mely körül milliárd világok forognak? Istenért! nyissuk fel szemeinket, vegyük hasznát eszünknek. Minekünk is mozdulnunk kell, akár akarjuk, akár nem s nehogy hátrafelé nyomattassunk, lépjünk inkább előre.

Munkám tartalmábúl kiki azt fogja látni: hogy a végsőségeket s túlságokat gyűlölöm s békítés barátja vagyok, szeretném a számos felekezetet egyesítni s inkább a lehető jót akarom elérni középúton, mint a képzelt jót, melyet tán csak más világon lelendünk fel, levegő utakon. Nem nézek én, megvallom, annyit hátra, mint sok hazámfia, hanem inkább előre; nincs annyi gondom tudni „*valaha mik voltunk*", de inkább átnézni „*idővel mik lehetünk s mik leendünk*". A *Mult* elesett hatalmunkbúl, a *Jövendőnek* urai vagyunk. Ne bajlódjunk azért hiábavaló reminiscentiákkal, de bírjuk inkább elszánt hazafiságunk s hív egyesülésünk által drága anyaföldünket szebb virradásra. Sokan azt gondolják: „Magyarország — *volt*; — én azt szeretem hinni: *lesz*!"

(*Hitel*, 1830)

[1] The western, eastern, northern and southern extremities of Hungary.
[2] =*négyszög*.

Miklós Jósika
(1794-1865)

Reménytelen kívánat

Egek! ezt nem vártam.
Harro Haring

Néhány nappal azután, hogy a kis Bálint születése világosságra jött, Bátoriné,[1] kinek magaviseletében maga iránt semmi változást nem tapasztalt Abafi, . . . őt magához hivatá. Láttuk, hogy Fehérvárt[2] utolsó létekor a fejedelemné nem hivatá őt oly sokszor, s nem bízá meg annyiszor, mint azelőtt. Kétszeres vala tehát öröme e parancsnak vételekor, s ő a szerelem szárnyain sietett a fejedelmi hölgyhöz.

Olvasószobájában találta Cristiernát, pamlagán ülve; arca nyájas, de komoly volt. — Isten hozta, lovag! — mond a fejedelemné, — közelebb, közelebb! — S valami oly mondhatlan báj volt egész alakján; oly szelíd s nyájas volt tekintete, hogy Abafi elragadva s elmerülve állott szótlan előtte.

— Nekem, — monda Cristierna, kevéssé vontatva, — egy kérésem van kegyedhez.

Abafi hallgatott! de arca kifejezésében olvasható volt azon készség s öröm, melyet Cristierna kérése idézett elő. Úgy tetszék neki, mintha ő soha ily kegyes, ily égien nyájas nem lett volna iránta.

[1] Maria Cristierna, wife of Zsigmond Báthory, Prince of Transylvania, 1581–1602.

[2] Gyulafehérvár (Rum. Alba Iulia), the former capital of Transylvania.

— A kérés fontos! — folytatá kis szünet után, mosolyogva függesztve szemeit Abafira.

Olivér hallgatott, arcát öröm lobogta körül, mintha mondaná: mennyire boldogítja egy fontos kérésnek így előre bizonyos teljesíthetése.

— A kegyed hallgatása, — szólt Cristierna, — kérésem teljesítését biztosítja; de mondatlan s előre is ígéri azt kegyed?

Abafi szenvedélyes „igen”-nel felelt.

— Bárminő nehéz, bárminő életreható[1] legyen? —folytatá, szemeit mindig figyelemmel szegezve reá Cristierna.

— Minél fontosabb, minél nehezebb: annál nagyobb örömmel! — viszonzá a kérdett mérsékelt hangon, mintha indulatait kívánná fékezni.

— De, — mond tovább Bátoriné, — ha a kérés egészen váratlan — ha kegyednek terhes teljesítése, ha keresztülvágja minden élettervét; ha. . .

— Ha lehetetlen! — felelt Abafi szenvedélyesen, — lehetővé teszem, kegyelmes asszonyom! Én készen állok! kijelentése a parancsnak s teljesítése egy!

— Nem parancs, — igazítá ki szelíden a fejedelmi hölgy, — de egy óhajtás, melyet szívem megszokott lehetőnek, teljesülhetőnek hinni, mely engemet boldogítna! s hiszem, a kegyed boldogságát is eszközlendő lenne egykor.

— S mi az? asszonyom! ah, szóljon Nagyságod! hogy készségesen, óhajtásainak teljesítésében; legyen bizonyítványa: minő forrón, minő teljes szívemből vágyok megnyugtatására valamit tehetni! bárminő váratlan, bárminő széttörő éltemnek[2] minden tervét, bárminő ellenemi legyen . . . szóljon!

A fejedelmi hölgy gondolkozni látszatott: pír futá el arca havát; nem minden megindulás nélkül szólt, rebegve:

[1] Literally ‘life-affecting’. [2] I.e. *életemnek*.

— Abafi! én kegyednek jó, szerfölött érdekes, szeretetreméltó nőt választottam.

Abafi elhalványodott; sötét komolyság borítá el homlokát hirtelen, s volt valami szinte szemrehányó, szinte feddő arcának szép vonásain. Ily ajánlást attól hallani, kit imádunk, s ki éppen ezen ajánlás által határozott visszaidézést jelent ki, még akkor is fájdalmas és keserű, midőn szerelmünk viszonzatlan, s mikor azt annak tárgya nem is gyaníthatja! . . . Ilyen helyzetben volt Abafi. Cristiernának a legszívesb, a legrészvevőbb hangon tett ajánlata sérté, sebzé Abafit. Önmaga kárhoztatta szívének hullámzását; szégyenlé, hogy így elhagyá magát áltatni indulatitól. . . Tudta, értette: szenvedélye minő merész, minő helytelen; s mégsem tuda meglepetésének oly hirtelen ura lenni, mint máskor; érzette[1] mélyen szívében, hogy szerelme tiszta, szenvedő, öntagadó; hogy nincs abban semmi, ami egy égi szeráfot is sérthetne: s mindennek meggondolása őt szótlan odabámulásba süllyeszté.

Cristierna elhallgatott, vizsgáló tekintetét jártatva az ifjún. — Kegyed elnémult! — mond végre; s nem volt e kifejezés egészen célzás nélküli.

— Kegyelmes asszonyom! — Ez volt mindaz, amit Olivér mondani, vagy inkább rebegni tudott.

— S oly nehéz Abafinak, — így fogta föl a beszéd folyamát a kis szünet után Bátoriné — oly kívánatot létesíteni, mely az én megnyugtatásomra szolgálna! — A hölgy elpirult, mintha többet mondott volna, mint akart.

Abafi nehezen lélekzett; egy helyre voltak szemei függesztve, belső harc emelé keblét, s arcán viharos rángás tünteté elő lelkének hullámzását. Cristiernának utolsó szavai kitünteték, hogy őt áttekintette, hogy vétkes, de nem . . . nem vétkes, csak helytelen szenvedélye nem titok többé. . . Oh, finom ily esetben az asszonyi tapintat. . .

[1] = *érezte.*

Láng borítá el arcát; féltérdre hullt a nő előtt, s azon hirtelen elhatározással, mely Abafinak sajátja s vonása volt, midőn egy nagy tettre szánta el magát, de csak olyanra, melynek nemes voltát átlátta, s mely elveivel összhangzásban volt... felelt fölkelve (mert letérdeplésekor feddő tekintetével találkozott Cristiernának):

— Kegyelmes asszonyom! parancsa meglepett inkább, mint mondanom lehet és szabad, — tevé[1] alig hallhatólag hozzá de, mivel az én imádott, az én mélyen tisztelt uralkodónémtól jő: nekem csak egy feleletem lehet.

— Lehet? — mond Cristierna, kérdőleg függesztve szemeit Abafira, s tekintetében valami volt, ami bizonyítá, hogy a kitétellel nincs megelégedve.

— Van! — felelt Abafi elhatározottan.

Kis szünet lőn,[2] melyben mind Cristierna, mind Olivér mély gondolatokba voltak merülve.

— Abafi! — mond Cristierna, nem egészen erőltetés nélkül mosolyogva, — s kegyed nem is kérdi, ki az, kit választottam?

— Akárki legyen! — felelt Abafi — Nagyságod választá őt; én nyugodt vagyok! — De arca kifejezése cáfolni látszék állítását.

A fejedelmi nő bájjal teljes hangon folytatá:

— Remélem, Abafi! hogy választásom meg fogja tetszését nyerni. Azon hölgy, kit ily jeles levente élete társául választottam, fogadott leányom! s érdemes minden tekintetben ily férjre. Ő, — folytatá rövid szünet után, figyelemmel tekintve Abafira — az én kedves, jó Gizellám!

Abafi nem felelt. Arcában legkisebb változás, legkisebb árnyéklata[3] a meglepetésnek sem volt észrevehető. A fejedelmi nő akárkit nevezhetett volna, neki mindegy volt

[1] Past historic of *tesz*.
[2] Past historic of *lesz*.
[3] I.e., *árnyalata*.

e pillanatban. . . Azon hölgynek, kit imádott, parancsát teljesíteni: ez állt előtte; minden egyéb semmivé olvadt e gondolattal szemben.

— S hogyan? — szólt Cristierna — kegyed hallgat? helytelen-e választásom?

— Gizella szeretetreméltó gyermek! s Nagyságodnak, — mond Abafi magasztalt, de szenvedő hangon — fogadott leánya.

Cristierna lesüté szemeit. Annyi elszántság, annyi bánatos, s annyi jelentő volt az ifjú szavaiban, hogy szívét önkénytelen elérzékenyülve érzé. — Abafi! — rebegte mondhatlan lágysággal hangjában — én a kegyed boldogságát akarom, s e bájos gyermekét is! Ő kegyedet szereti! ezt tudom. . . Igen szereti! fiatal szívének egész első zsenge lobogásával, s kegyed . . . egy szép előérzet jósolja nekem . . . boldog leend.[1]

Abafi sóhajtott; lelke nem hiheté, nem gyaníthatá e boldogságot.

— Remélem, — folytatá Bátoriné bizodalmas hangon, fölkelve s közelítve az ifjúhoz — remélem, sőt számolok reá, hogy kegyed ezen óhajtásomat egészen magához illőleg fogja teljesíteni, amint azt fejedelmi házunknak leghívebb, legtökéletesb leventéjétől egyébként nem is várhatom.

Kézcsókra nyujtá a szép angyali hölgy kezét Abafinak, ki azt gyöngéden voná ajkaihoz. — Holnap kegyedet, mint Gizellának, az én Gizellámnak — mond észrevehető célzással s hangnyomattal — vőlegenyét fogom viszontlátni!

Abafi mélyen meghajtá magát s szótlan távozott.

(*Abafi*, 1836)

[1] Obsolete: =*lesz*.

Mihály Vörösmarty
(1800-1855)

Zalán futása

Canto X

Már félig lemerűlt a nap, s bús gyenge sugára
E gyilkos földön s vizein reszketve borongott,
S szálla setéten, mint örök éj, a felleges[1] alkony.
Párducos[2] Árpád most fordúla meg a Tisza mellől,
S amint jött sebesen, szaladását látta Zalánnak,
Aki, miként felhő szalad a szélvészes erőtől,
Mely feketén döbörögve kikél,[3] s ordítoz utána:
Úgy szaladott szomorodva setét végének előtte,[4]
S várait és gazdag földét megvédni felejté.
A fejedelmi magyart nagy erő izgatta, serényen
Vágtata, s vitte vasat öldöklő karral utána.
Már közel ért, s zúgó Halecet megütötte. Lovastúl
Megdőlt az, s ott halt, lelkét elszánva uráért.
De legelől futa gyors paripán a gyáva vezérlő,
S futta[5] körül immár kört vont a barna setétség.
Ekkor elállt Árpád, s harsogva utána kiáltott:
„Alpárnak[6] fejedelme! megállj, hova futsz el előlem?
Hol van büszke szavad, mellyet követiddel üzentél?
Vagy fuss bár; de tudom többé nem látod ezentúl
Alpárod mezejét, se füvét nem rágja le marhád.

[1] I.e. *felhős*. [2] Homeric epithet. [3] = *döbörögve kikel*.
[4] This linking of the postposition with its noun by means of the possessive is frequently found.
[5] I.e. *futása*.
[6] The traditional battlefield, on the Tisza near Kecskemét.

Bajnokaim s az erős fiak anyjai, díszleni termett
Hajnal ölű hölgyek fognak telepedni meződön:
Rajta tenyészend e nemzet s országokat állít."
Így szólott. Amaz a rettentő szózatok árját
Még hallá s szörnyű dobogással vert szive keblén.
Meg sem is álla, kevés haddal keseredve szaladván
Honja határaitól, miglen[1] Nándorhoz[2] elére,
S búba merűlten csak távolról nézte sajátját.

(1825)

Puszta csárda

Ez a csárda nevezetes,
Gólya jár rá, nagy kelepes.[3]
Ha én gólyamadár volnék,
Ilyen házra nem is szállnék.

Kidőlt bedőlt az oldala,
Bele jár az isten nyila,
A forgó szél dúdol rajta,
Boszorkánytánc van alatta.

Hej kivűl is, hej belűl is,
Ki van itthon, ha beteg is?
Ki hoz nekem bort eleget,[4]
Piros lánytól hókenyeret?

Puha kenyér eledelem,
Szomjam ellen borral telem,
S ha felindít a szerelem,
A szép leányt megölelem.

Hej, de itt senki nem felel,
Csak az egy gólya kelepel:
Útra készül az is szegény,
Nem ülhet a ház tetején.

Gyerünk innen, fakó lovam!
Tisza ide nem messze van,
A Tiszában megitatok,
A Dunáig meg sem állok.

Isten hozzád, puszta szállás,
Gözűtanya, denevérház!
Hordjon el az őszi zápor,
Mert nincs benned egy ital bor.

(1829)

[1] =*amig*. [2] Nándorfehérvár, or Belgrade. [3] I.e. *kelepelő*.
[4] The adjective follows its noun and therefore takes its case.

Szózat

Hazádnak rendületlenűl
Légy híve, oh magyar;
Bölcsőd az s majdan sírod is,
Mely ápol s eltakar.

A nagy világon e kivűl
Nincsen számodra hely;
Áldjon vagy verjen sors keze:
Itt élned, halnod kell.

Ez a föld, mellyen annyiszor
Apáid vére folyt;
Ez, melyhez minden szent nevet
Egy ezredév csatolt.

Itt küzdtenek honért a hős
Árpádnak hadai;
Itt törtek össze rabigát
Hunyadnak karjai.

Szabadság! itten hordozák
Véres zászlóidat,
S elhulltanak legjobbjaink
A hosszu harc alatt.

És annyi balszerencse közt,
Oly sok viszály után,
Megfogyva bár, de törve nem,
Él nemzet e hazán.

S népek hazája, nagy világ!
Hozzád bátran kiált:

„Egy ezredévi szenvedés
Kér éltet vagy halált!"

Az nem lehet, hogy annyi szív
Hiába onta vért,
S keservben annyi hű kebel
Szakadt meg a honért.

Az nem lehet, hogy ész, erő,
És oly szent akarat
Hiába sorvadozzanak[1]
Egy átoksúly alatt.

Még jőni kell, még jőni fog
Egy jobb kor, mely után
Buzgó imádság epedez
Százezrek ajakán.

Vagy jőni fog, ha jőni kell,
A nagyszerű halál,
Hol a temetkezés fölött
Egy ország vérben áll.

S a sírt, hol nemzet sűlyed el,
Népek veszik körűl,
S az ember millióinak
Szemében gyászkönny űl.

Légy híve rendületlenűl
Hazádnak, oh magyar:
Ez éltetőd, s ha elbukál,
Hantjával ez takar.

[1] I.e. *sorvadjanak*.

A nagy világon e kivűl
Nincsen számodra hely;
Áldjon vagy verjen sors keze:
Itt élned, halnod kell.

(1836)

Ábránd

Szerelmedért
Feldúlnám eszemet
És annak minden gondolatját,
S képzelmim édes tartományát;
Eltépném lelkemet
Szerelmedért.

Szerelmedért
Fa lennék bérc fején,
Felölteném zöld lombozatját,
Eltűrném villám s vész haragját,
S meghalnék minden év telén
Szerelmedért.

Szerelmedért
Lennék bérc-nyomta[1] kő,
Ott égnék földalatti lánggal,
Kihalhatatlan fájdalommal,
És némán szenvedő,
Szerelmedért.

Szerelmedért
Eltépett lelkemet
Istentől újra visszakérném

[1] Past participle passive with possessive termination.

Dicsőbb erénnyel ékesítném,
S örömmel nyújtanám neked
Szerelmedért!

(1843)

Országháza

A hazának nincsen háza,
Mert fiainak
Nem hazája;
Büszke fajnak
Küzdő pálya,
Mellyen az magát rongálja.
Kincsnek, vérnek rossz gazdája.
És oh szégyen! rosszra, jóra
Még szavazni jár dobszóra.
Ura s rabja millióknak
Kik gyülölnek és dacolnak;
Zsarnok, szolga egy személyben,
Ki magával sincs békében.
S vas eszével
Jég szivével
Fölmerűl a külfaj árja,
A meleg vért általjárja,[1]
És a nemzet áll fagyottan
Tompa, zsibbadt fájdalomban.
Nincsen egy szó
Összehangzó
Honfiaknak ajakáról,
Nincsen egy tett
Az eggyé lett
Nemzet élete fájáról.

[1] = *átjárja.*

A hazának nincsen háza. Mért?
Volt idő, midőn nevére
Fölkelének, s amit kére
Nem keresvén cifra szóban,
Ami a szív legmélyén van,
Adtak drága bért,
Adtak érte vért.
Most midőn leszállt a béke
S a vérontó harcnak vége,
S a hazának,
Mint anyának,
Aki gyermekei körében
Áll ragyogva örömében,
Földerűlne boldog napja,
Most fejét szenny s gyász takarja.
Földön futva,
Bujdokolva,
Mint hivatlan vendég száll be
A szegény s kaján telekbe,
Hol nevét rút ferdítésben
Ismerik csak átokképen.
Neve: szolgálj és ne láss bért.
Neve: adj pénzt és ne tudd mért.
Neve: halj meg más javáért.
Neve szégyen, neve átok:
Ezzé lett magyar hazátok.

(1846)

A szegény asszony könyve

Egy szegény nő,[1] Isten látja,
Nincs a földön egy barátja,
Agg, szegény és gyámolatlan,

[1] A portrait of the poet's mother.

Ül magán a csendes lakban.
Gyásza nincsen, gyásza rég volt,
Még midőn jó férje megholt;
De ruhája mégis gyászol:
Szíve fél a tarkaságtól.
Dolga nincs, hogy volna dolga?
Kis ebédhez nem kell szolga,
S az ebédnél nincs vendége,
Csak a múlt idők emléke.
Aki maga néz a tálba,
Azt az étel nem táplálja:
Több annak a gondolatja,
Mint amennyi jó falatja.
Gondol vissza és előre
A sok jó és bal időre,
S félig étel, félig bánat:
Mindkettőbe belefárad.

Hejh nem így volt hajdanában,
Míg nem járt özvegyruhában:
Tele kamra, tele pince
S mindig kézben a kilincse,
És szegénynek és boldognak
Udvar és ház nyitva voltak,
Vendéget nem kelle kérni:
Önként szoktak ők betérni,
Víz'[1] dicsérni, bor' fecsélni,[2]
És a gazdát nem kimélni.
A szegény, kit Isten küldött,
Ide gyakran beköszöntött,
És azon mit innen elvitt,
Lelkében nem tört meg a hit:

[1] =*vizet, bort.*
[2] I.e. *fecsérelni.*

Nem hideg pénz, hideg arcok,
Eleség volt az ajándok.[1]
És ha néha úgy történék,
Bár nagy ritkán, nem jött vendég,
Akkor sem lőn[2] üres a ház,
Bőven van az istenáldás:
Jobbra, balra a sok gyermek
Játszottak és verekedtek,
S gondjaiért az anyának
Sok bajt, örömet adának.

Hajh azóta csak bút látott,
Hogy a gazda sírba szállott:
Gyermekei szétfutottak
Napkeletnek, napnyugotnak,
S a szegény nő elhagyatva
Úgy maradt mint a szedett fa.

Az idő jár, s ő csak megvan,
Hol reményben, hol bánatban,
Szűken teng kis vagyonábúl,[3]
És ha néha sorsa fordúl,
Gazdálkodni még most sem tud,
Ha neki van, másnak is jut:
Jobb időkből rossz szokása,
Hogy a könyeket ne lássa,
Megfelezni kis kamráját,
S maga gyakran szükséget lát.

Most ott űl az asztal mellett,
Imakönyvében keresget.
Könyvét híják[4] Rózsáskertnek,

[1] =*ajándék*.
[2] Past historic of *lesz*.
[3] =*vagyonából*.
[4] =*hívják*.

Melyben szent rózsák teremnek.
Régi, jó, de kopott jószág,
Melyet még csak a barátság
S egy pár ernyedt szál tart öszve,
Oly igen meg van viselve.
S ím kopognak, és köhentve
Az öreg jó Sára lép be:

„Isten áldja meg, nagyasszony!
Most ugyan csak legjobb itthon.
Jó, hogy ilyenkor ki nem jár,
Majd elvesztem, oly nagy a sár."
„Hát mi jót hoz Sára néni?"
„Istenem! bár tudnék hozni.
Egy kéréssel jöttem volna,
Ha miatta meg nem szólna.
Oly nehéz most a szegénynek,
Tán jobb volna, ha nem élnek.
Imádságos könyvet kérnék,
Higye meg, most oly jól esnék.
Mert hiszen ha már az ember
Szépszerint jól lakni sem mer,
Már ha szűken él kenyérrel,
Éljen Isten igéjével,
Így legalább árva lelkünk'[1]
Az imádság tartja bennünk.
Itt, tudom, van heverőben:
Adjon az Isten nevében."

„Jó asszony, felelt az özvegy,
Könyvem nincs több, csak ez az egy,
De ha már úgy megkivánta,
És ettől függ boldogsága,

[1] = *lelkünket.*

Vegye egy felét jó névvel,
Én beérem más felével."
S fele ide, fele oda,
Könyvét két felé osztotta.

Most a két jó öreg asszony
Hogy semmi jót ne mulasszon,
Fél könyvből, de nem fél szívvel
Imádkoznak este regvel,[1]
S ha van Isten mennyországban,
Nem imádkoznak hiában.

(1847)

[1] =*reggel.*

Lajos Kossuth
(1802-1894)

Szeged népéhez

Szegednek népe, nemzetem büszkesége, szegény elárult hazám oszlopa! mélyen megilletődve hajlok meg előtted.

Mikor Szegedhez közeledtem, sajnálni kezdém, hogy mellemből kifogyott a hang; de midőn Szeged népét látom, úgy látom, hogy nincs mit sajnálnom, mert itt többre nincs szükség, mint hogy a lelkesedés előtt mélyen meghajoljak.

Midőn én, mint az ország teljhatalmú biztosa, s a honvédelmi bizottmány egyik tagja, népfelkelést intézendő, utamban más helyekre bementem, azért mentem be, hogy lelkesedést ébresszek; de Szegedre azért jöttem, hogy itt a lelkesedést szemléljem.

És én mondhatom, örömmel szemlélem Szeged népében a lelkesedést; mert veszedelem fenyegeti szegény elárult hazánkat, oly veszedelem, melyhez hasonlót évkönyveink nem mutatnak, s melynek láttára némely kicsinyhitűek a fővárosban azt mondták, hogy a magyar nemzet napjai megszámítvák.[1] De én azt mondám: ez nem igaz.

Alkudozásba akartak ereszkedni Jellasichcsal,[2] ama gaz árulóval, kit az ármány pokoli céljainak kivitelére, arra, hogy csak nemrég visszanyert szabadságunkat s függetlenségünket kezeinkből újra kicsikarja s a népet újra a szolgaság jármába hajtsa, eszközül szemelt ki. De én azt

[1] I.e. *meg vannak számítva.*

[2] The governor of Croatia at this time.

mondám, hogy mielőtt a nemzet annyi erővel s küzdelemmel kivívott szabadságából csak egy hajszálnyit is lealkudnék, elmegyek s megtekintem a népet.

És most, miután Szeged népét látom, látom szemeiben a lelkesedés szikráit, nem késem megírni a fővárosba, hogy Szeged népe az árulóval való minden alkudozás ellen ünnepélyesen tiltakozik. Megírhatom-e ezt? (*A nép*: *Meg!*) Igenis, megírom, hogy miután Szegedet s népének ezreit a haza szerelmétől lelkesülve láttam, kőszirtté szilárdult keblemben a hit, hogy e haza, lépjen bár a pokollal szövetségre ellene az ármány, mentve lesz.

Krisztus mennyei országát megalapítandó a földön, egynek választottai közül azt mondá: e kőszálra építem én egyházamat; és én hasonlóan mondom, hogy: Szegedre s ennek lelkes népére építem nemzetem szabadságát, és a pokol kapui erőt nem vesznek azon.

Oly hatalmasnak hiszem én a népet, hogy ha felkel és összetart, a ropogva összerogyó ég boltozatait is képes fenntartani erős karjaival.

Hazámfiai! Mondhatatlanul fontos az óra, melyben hozzátok szólok; talán éppen ebben az órában ütköznek vitéz seregeink az áruló csordáival. Ki tudja, mit hoz ránk ez óra? győzelmet-e vagy veszteséget? — De győzzünk bár, vagy veszítsünk, én Szeged népére mindenesetre számolok. A népre minden esetben szükségünk lesz: ha győzünk, hogy a győzelem gyümölcseit learassa; ha vesztünk, hogy a veszteséget győzelemmé változtassa.

Tehát e fontos órában, e mondhatatlanul fontos pillanatban kérdem: találkozik-e egy fia a hazának, találkozik-e egy polgára e városnak, ki hazája szabadságáért vérét, életét feláldozni kész nem volna? (*A nép egyhangúlag*: *Nem!*)

Én esküszöm a mindenható Istenre, ki védi az igazságot és a hitszegő árulót megbünteti, esküszöm, hogy hazánk szabadságából egy hajszálnyit utolsó csepp véremig elraboltatni nem engedek; esküszöm, hogy hazánkat védeni fogom, míg karomat felemelhetem. A magyarok istene úgy segéljen és áldjon meg engemet!

(*A nép e szavakat lefedett fővel s fölemelt kezekkel lelkesülve mondotta el a szónok után.*)

Hajdan, midőn a hazát veszély fenyegette, hős apáink véres kardot hordoztak körül az országban, s ennek láttára mint sasok repültek harcmezőre a vitéz magyarok. Én látván a haza jelen veszedelmét, zászlót ragadtam kezembe, megesküdve, hogy addig nem nyugszom, szegény fejemet nyugalomra nem hajtom, míg az elárult haza fiait szabadságának megmentésére annak árulói ellen zászlóm alá nem gyűjtöm. De most, miután Szeged népének lelkesedését látom, bízvást összehajtom e zászlót, e zászló nem enyém többé, én Szeged zászlója alá állok. És én bízom a magyarok istenében, bízom Szeged népének lelkesedésében, hogy kevés idő mulva mentve lesz a hon; ha pedig a hadiszerencse kevésbbé mosolyogna fegyverünkre, ha netalán a végrehajtó hatalom az ármány által a fővárosból kiszoríttatnék,[1] azon esetre Szegedet oly pontnak tekintem, melyről a haza szabadságát, a nemzet függetlenségét megmenteni erősen hiszem.

Szegediek! Testvériség köt össze bennünket. Nincs nemes és nemtelen többé; egy hazának fiai, polgárai, testvérek vagyunk mindnyájan. Tehát testvérileg összetartva ragadjunk fegyvert az árulók ellen, legyünk készen hazánk oltalmára.

Testvérek! Ha úgy jöttem volna e városba, mint valamely rendkívüli örömnek, boldogságnak hírnöke, igényelhettem volna talán tőletek koszorúkat: de miután a végre siettem körötökbe, hogy benneteket fegyverre, a haza megmentésére hívjalak fel, azon virágkoszorúkat, melyeket lelkes hölgyeitek utamban elhintettek, nem tekinthetem

[1] Passive conditional.

másképp, mint előjeléül azon győzelemnek, melyet a haza ellenségein nemsokára kivívandunk.

Egész életem küzdés és szenvedés vala; de e pillanatban utalmazva érzem magamat, — ám pihenni nem fogok, árva fejemet nyugalomra nem hajtom, míg el nem mondhatom az írás ama szavait: Most bocsásd el, Uram! szolgádat, mert láták szemeim hazám szabadságát, boldogságát megmentve.

Keblem tele érzéssel, még sok mondani valóm volna hozzátok; de az érzés elfojtja ajkamon a szót. Különben egy pár napig körötökben szándékozván maradni, még lesz alkalmam hozzátok bővebben szólani. De most nézzétek—soha nem sírtam—és könnyezek.

(4 October 1848)

Ferenc Deák
(1803-1876)

Levél egyik barátja fiához

Vedd emlékül e sorokat, melyeket az élet könyvéből merítve szeretet nyujt neked, s őrizd kebledben azoknak tartalmát.

Fejlődni kezd már ifjúságod virágszaka, most vesd meg erkölcsi jövődnek alapját. Te még nem ismered az életnek komoly gondjait, szülőidnek gyöngéd szeretete ápolva, intve, oktatva vezérli minden léptedet s elsimítja pályád göröngyeit. Te még minden erődet, gondodat és idődet szíved és lelked kifejlődésére fordíthatod, nem gátol abban semmi, csak akaratod erős és tiszta legyen; nem kell semmi más nehézséggel küzdened, mint amit önmagad hanyagsága vagy könnyelműsége gördíthetnek elődbe. Igyekezzél legyőzni ezeket, s használd erőteljes ifjúságod minden óráját, hogy munka és szorgalom által erőd, tehetségeid növekedjenek, s ha majd egykor az élet komoly pályáján önerődre szorulva küzdened kell a sors változékony szeszélyeivel: a kedvező szerencsének gyakran szédítő mámorában, s a balsorsnak gyakran leverő csapásai között csüggedést nem ismerve, ingadozás nélkül járj a kötelességnek s erkölcsnek ösvényén.

Szülőid a legbuzgóbb szeretetnek boldogító érzelmeivel csüggenek rajtad, s te vagy egyik tárgya szép reményeiknek. Ne engedd, hogy ezen érzelmek közé egykor keserűség is vegyüljön; ne engedd, hogy ezen szép remények egykor elenyésszenek. A szülők áldását nem azon szavak teszik, miket ők gyermekeik boldogságáért elmondanak naponkint, mert hisz azokat hálátlan gyermekek fölött is elmondatja velök a szülői szeretet, hanem azon örömkönnyek, miket a gyermekeknek jó erkölcsei, szorgalma és jelessége fakasztanak a szülők szemeiből. A szülők átkát szintén nem szavak teszik, hanem a fájdalomnak azon keserű könnyei, miket gyermekeik erkölcstelensége okozott.

Féljed ezen átkot, s igyekezzél szülőidnek örömkönnyekben kifakadó áldását megnyerni. Neveld s erősítsd kebledben a fiúi szeretetnek tisztelettel párosult érzelmeit, s tanuld meg, hogy arról semmi okért, semmi körülmények között s még az indulatnak föllobbanó hevében sem szabad megfelejtkezned.

Két hatalmas érzést olta szivedbe a természet: az igazságot és szeretetet; ezek legyenek vezércsillagaid az életnek pályáján; ha ezeket követed, érjen bárminő sors, erkölcsileg süllyedni nem fogsz. Légy igazságos mindenek iránt; a magad hibáiról szigorúan, de a mások fogyatkozásairól kímélőleg ítélj. A szeretet részvétét meg ne vond embertársaidtól soha; mert aki másnak ártatlan örömein, szerencséjén örülni nem tud, s aki másnak szenvedését részvétlenséggel nehezíti, az nem érdemel, nem nyer szeretet másoktól; mert a szeretet csak szeretésnek lehet jutalma.

Támadnak majd önkebledben hatalmas ellenségek, melyek az igazságnak és szeretetnek szívedbe oltott érzéseit elfojtani, vagy azokat egymástól elválasztva bal-utakra vezetni törekednek, s ezen hatalmas ellenségek az indulatok; de munka és akarat legyőzi ezeket is. Vigyázz, hogy szíved és eszed indulatok rabja ne legyen; mert súlyos és veszélyes az ilyen rabság s leginkább meggyalázó.

Kerüld a hiú elbizottságot; ha majd a sorsnak kedvezése néha talán társaid fölött kitüntetne, soha ne éreztesd velök azt, hanem szíved és szereteted köztök maradjon. Használd a sorsnak adományait magad és embertársaid javára; de soha vissza ne élj azokkal ártatlanok kárára vagy bosszantására. Őrizkedjél a gúnynak és elmésségnek kétélű fegyverével érzékenyen sérteni másokat; a biztató kacagás, mely elmésségedet kíséri, csakhamar elhangzik; de az érzékenyen sértettnek keblében visszamarad a keserűség, s hiúságod pillanatnyi diadalát másnak fájdalmán s elveszett szeretetnek árán vásároltad meg.

Kerüld az irígységet; másnak jelességei ösztönül szolgáljanak neked is nagyobb szorgalomra; de bosszankodni másnak szerencséjén, s gyűlölni azokat, kiket elérni képes nem valál, oly mérges fekélye az emberi szívnek, melytől minden jó ember irtózik. Az irígység önmagában hordja már büntetését, mert az irígynek minden öröme keserűséggel van vegyülve, sőt magát az indulat közgyűlölségnek tárgyává teszi.

Kerüld a könnyelműséget! Magadnak és másoknak sokkal több és érzékenyebb kárt okozhatsz könnyelműségeddel, mint amit utóbb a legjobb akarattal is helyrehozni képes volnál. Ne űzz könnyelmű játékot a sors adományaival. Időt, vagyont könnyelműleg ne vesztegess; mert amit ezekből ifjúságodban megfontolás nélkül fecsérelsz el, azt mint visszahozhatatlan veszteséget fogod fájlalni s talán megsiratni későbbi napjaidban.

Kerüld a henyeséget s munkátlan életet. Ha ifjúságodban a munkát megszokod: életednek szebb örömeit s édesebb gyönyöreit a munkában fogod találni. Csak a munka fejti ki, csak az tartja fel a testnek és léleknek erejét; csak munka tesz hasznossá magunk- és polgártársainkra nézve. Sokat elnéznek, sokat megengednek az emberek annak, ki alacsony haszonlesés nélkül helyettök és érettök fárad. A munka egyik legszebb rendeltetése az embernek. És ha majd egykor testben és lélekben kifejlődve fellépsz az életnek komoly pályáján; ha majd a polgári kötelességnek szigorú szava tőled is munkát, erőt s fáradságot, talán életedet s a földi életnek minden örömeit, minden reményeit kívánja áldozatul; ne késlekedjél: első és legszentebb legyen előtted a haza!

(15 August 1840)

József Gaal
(1811-1866)

A haramiák

A hajnal fényes sugarai egy tiszta eget világítának föl azon nap, melyen Szodoray kedvesével Máramaros felé indult. Az erdők, hegyek, rétek, már az őszi zöld mélyében tündököltek, s a szántóföldek sárgasága nyilván hirdete később évszakaszt, midőn azon borzasztó sziklaútra térünk, melyet beszélyünk második szakaszában írtunk le, s amelyen Bogdanu Gyurka kiraboltaték.[1] Ezen útnak Nagybánya felé nyiló torkolatján tehát, azon reggel három férfi ült inkább szokásból, mint a hideg ellen gubáikba takarva, bárány süvegeik mélyen homlokukba nyomva. Az első mellett hosszú nyárs hevert, s kard villoga gubája alól, e felett mindnyájan fejszékkel és puskákkal voltak fegyverkezve.

— Marosán! — kiálta az első, egy felettük magasan tornyosuló oromra tekintve; — látsz-e már valamit?

— Most érkeznek a patakhoz, ők lesznek, öt-hat férfi, egy asszony is ül a kocsiban. — Rajta kapitány! — felelé egy negyedik a magasból, külsejére a többiekhez hasonló.

Pintye Gregor, mert ez vala a fölszólított, egyet füttyentett, ujjait szájába dugván, s a völgy mélyéből tíz vagy tizenkét szálas férfi mászott föl, mind egyenlő öltözetben a már leírtakkal,[2] s Marosán is leereszkedék őrhelyéről.

— Oszoljatok el, ti jobbra, ti balra, a sűrűbe, mi négyen

[1] Past historic passive.
[2] 'With those already described.'

e szikla mellé vonulunk, lőni csak mi fogunk; tinektek ölni nem szabad, azért mihelyt puskáink ropognak, rohanjatok elő s kötözzétek meg az élőket, de aki gyilkol, azt vakszemével szegeztetem az első fára.

A haramiák szó nélkül vonultak el, s csak Pintye Gregor maradt három társával előbbi helyén. Marosán, ki most Pintye Gregor kegyelmében a Husztnál elveszett Kosztán helyét foglalá el, töré meg a csendet.

— De nem jobb volna valamennyit mindjárt itt összeölni?

— Nem, ez kis boszú lenne. Én Szodorayt és Ilkát elevenen akarom elfogni, s tudja meg a vén Szirmay, hogy kezemben vannak, s csak azután haljanak el kínosabb halállal — felelé Gregor.

— De nem hinném, hogy annyi nyugtunk[1] lenne itt, mert Karácson, ki egy hét óta oly keményen űzőbe vett, alkalmasint észrevette már hirtelen távozásunkat Szatmár varmegyéből, s hamar nyomunkba fog akadni — folytatá Marosán.

— Hirtelen távozásunkat! — s talán azt gondolod előle? Marosán, ne említsd többé azon embert, én nem futottam előle, megtudtam, hogy Szodoray hazaviszi mátkáját s a boszú intett ide — mondá Pintye Gregor fölemelkedve, s szemei iszonyú harag tüzében forogtak.

— Uram! — szóla ijedezve Marosán, — ki mondta, hogy Karácson előtt futottál?

— Nem, — de mégis, — ha azon embert halva terítnéd lábaimhoz Marosán, — ezer arany lenne jutalmad — viszonozá Pintye Gregor, s az előbbi iszonyúság haragjában fájdalommá változék.

— Miért nem lőtted hát agyon, midőn ma egy hete alig tíz lépésnyire ment el előttünk, s mi a sűrűben rejtve valánk? Az én puskám nem volt töltve — kérdé Marosán.

[1] 'Rest', i.e. time for rest.

— Én akkor gyenge voltam, — te okát nem is képzelheted, de csak máskor hozza őt az ördög nyársom hegyére. — De már ideje, vonuljunk el. — S a szikla mögé bújtak a haramiák, kiki alkalmas állást keresve, mely mind lövésre, mind elrejtésökre egyiránt alkalmas. Kevés ideig vártak e helyzetben, midőn Szodoray és Ilka öt szolga kiséretében az út magasán[1] megjelentek. Az ifjú kedvesével, a kocsis, és egy szolgáló a kocsin ültek, négy szolga mellettök lovagolt. Ezekre irányzák csöveiket Pintye Gregor és társai, s egy durranásra mind a négy halva terűlt le lováról. A többi haramiák is előrohantak, és Szodoray mielőtt védelemről gondolhatott, megragadtaték s erősen megkötöztetett, — hasonló sorsra jutott Ilka is.

Pintye Gregor megfogatá őket, s egy tekervényes úton a völgybe vezetteté, gúnyolva Szodoray minden ígéreteit, ha őket szabadon eresztené. A völgybe érvén, egy elrejtett barlang durván faragott, de erős ajtaját nyitá meg a haramia, s beletaszítá foglyait, kik az ő és Marosán vezérlése alatt egy tág szikla-terembe értek, melybe a haramiáknak sokféle butyoraik[2] valának rakva. Itt röhögő gúnykacajjal hagyá el őket Pintye Gregor, gyakor látogatást ígérve, s bezárá a terem ajtaját, innen pedig még egy hosszú tornácon kellett végig menni a barlang nyilásáig, hol a második ajtó volt, semmi kiabálás sem hangozhaték ki a mély üregből, s így a boldogtalan foglyok kénytelenek voltak lemondani minden segedelemről, ha csak az isteni gondviselés egészen véletlen nem küldené azt. A haramiák eltávoztak a magas útról, eltakarítani[3] rablások nyomait.

(*Szirmay Ilona*, 1836)

[1] Here used as a noun—'top of the hill'.
[2] 'Bundle, pack.'
[3] Infinitive of purpose.

József Eötvös
(1813-1871)

A választás

Taksony[1] megyében az utolsó gyűlés alatt a titkos szavazat elve fogadtatott el. A dolog, mint mondják, csak ezért hozatott szőnyegre, hogy kitudassék: Réty vagy Bántornyi pártja bír-e többséggel, mert az elsőnek mint valóságos alispánnak emberei a nyilvánosságot, a másiknak pártja a titkos szavazást kívánták. A titkos szavazás győzött, s Tengelyi,[2] ki ezen rendszabály által minden vesztegetésnek elejét véve gondolá, mondhatlan örömmel hordozta körül a megye határozatát, felolvasva, megmagyarázva azt mindennek, kivel csak találkozott. Ha most a kapu alá lép, hol Sóskuty küldöttségével helyet foglalt, s mivel történetünk a tiszaréti járásban játszik, mi is megjelenünk, a jegyzőnek örömében talán könnyekbe lábadtak volna szemei, midőn a módot látja, mellyel eszméi életbe lépnek.

A kis asztal, mely mellett a bárón kívül az öreg Kislaky, teins[3] Slacsanek, s hogy Bántornyi pártja is képviselve legyen, a kijelölt alispán testvére, James úr, még néhány táblabíróval telepedett le, mindjárt a bejárás egyik oldalán a kapu mellett állt. Valamivel tovább az udvar felé két spanyolfal közé a szavazati láda állíttatott fel. A kapu mellett vitéz Karvaly Ágoston s két hajdú, közel az asztalhoz Nyúzó s esküdtje, kik járásuk nemességét legjobban

[1] A fictitious county with typical administration.
[2] The village notary.
[3] = *tekintetes*.

ismerik, mellettök a megye volt, s úgy hisszük, jövendőbeli főügyésze fogtak helyet, míg Macskaházy úr, ki majd az udvaron a főispán körül, majd fenn a nagyságos asszonynál forgolódott, időről-időre a szavazásnál megjelent s kérdezősködött.

A táblabírák rágyujtottak, a kapu kisebb ajtaja megnyílt, s bejöttek titkos szavazásra az egyes választók, kiknek mindegyike, mihelyt a küldöttséget meglátá, szívrázó hangon: éljen Réty, éljen Bántornyi-t kiáltott, mire közönségesen minden künlevők[1] épp oly hangon feleltek; mely nemzeti kötelességteljesítés után az egyes választó a spanyolfal mögé titkos szavazásra vonult vissza.

— Nincs a titkos szavazásnál szebb dolog a világon — szólt James úr, midőn szivarját szájából kivéve, egy kortesnek, ki épp az asztal előtt: Éljen Bántornyi-t kiálta, kezét rázá, — ha az angol alkotmányba ezt lehetne behozni, nem volna tökéletesebb a földkerekségen. The ballot, the ballot for ever, így kiáltunk mi radikálok; it makes man feel so independent, azaz: csak ez adja meg az embernek való függetlenségét.

— Igen, csak ne ordítanának úgy — sóhajtott az öreg Kislaky, — öcsém! — szólt egy korteshez fordulva, ki éppen Réty alispánt élteté — ne ordíts úgy, hisz titkosan szavaztok.

— Persze titkosan, — szólt emez, — éljen Réty alispánunk! — S ezzel a spanyolfal mögé vonult.

— Kérem alássan[2] — szólt Kislaky fölugorva székéről — ez nem mehet így, ez valóságos komédia.

— Igen, de ki parancsolhat kedves nemes társaink érzelmeinek? — vágott közbe Sóskuty — az ember ily pillanatokban nem parancsolhat, az érzelem erővel kitör és — —

— Hát törjön ki, Isten neki! De miért e falak? — szólt Kislaky — úgy is háromszor feldöntötték, csak idővesztés.

[1] = *kint/levők.* [2] = *alázatosan.*

— Tekintetes uram — jegyzé meg Sáskay, — a nemes megye világos parancsolatja — —

— De mikor a teins megye látja, hogy lehetetlenséget parancsolt — szólt mindig melegebben Kislaky. — Hisz ezek az emberek mióta egyenkint kiáltanak, még inkább ordítanak, mintha mindenik külön-külön meg akarná mutatni a küldöttségnek, hogy ő bírja legjobban. Estig sem leszünk készen, s itt oly légvonat van, hogy valamennyien megbetegszünk.

Sóskuty, ki az egész vitatkozás alatt, mely azonban a szavazást félbe nem szakasztá, hasztalan iparkodott szóhoz jutni, most, kivéve szájából pipáját, midőn méltóságosan körültekintett, azzal vete véget ezen zajos, s mint mondá, valóban botrányos vitatkozásnak, hogy a küldöttséget, s ebből Kislaky barátját sem véve ki, figyelmezteté, miként elnöknek ő neveztetvén,[1] kötelességénél fogva a nemes megye parancsolatait legkisebb részletekben teljesítendi, habár azok még oly lehetetleneknek látszanak is. Mire, Kislakyt kivéve, az egész küldöttség helybenhagyásával a szavazás előbbi módon tovább folyt.

— De mondjon nagysád[2] akármit — szólt Kislaky, ki még folyvást fejét csóválva elégedetlenséget mutata — teljes lehetetlen, hogy így folytassuk.

— De kérem — válaszolt megnyugtatólag James — árt-e az valamit, hogy ezek az emberek itt valamely kijelöltet kiáltanak, ott a spanyolfal mögött nem szavazhatnak-e mégis titkosan? Quite independent.

— Igen de — kiáltott a jámbor Kislaky.

— I say — szakítá félbe James, — ki látja, mire szavaznak ott benn, bárkit kiáltsanak is itt előttünk?

— De kérem — szólt Kislaky legnagyobb türelmetlenséggel — a szekrényen minden fiók felett az egyes kijelöltek

[1] 'Having been appointed.'
[2] = *nagyságod* 'Your Honour'.

nevei fel vannak írva, már aki olvasni nem tud, az hogy szavazzon? Tízet láttam bemenni, kiről tudom, hogy egy betűt sem ismer. Épp most jő ki egyik a ketrecből. Hejh Pista — mondá Kislaky, az egyik kortest, ki épp a szavazás után az udvarba akara menni, feltartva — tud-e kend olvasni?

— Olvasni? — válaszolt a megszólított — nem olvasok én a Herkó páternek sem.[1]

— De tud kend olvasni mégis? — szólt Sóskuty közbevágva — csak hogy nem akar, de tud?

— Dehogy tudok teins uram, nem vagyok én tót diák, öreg apám sem tanult soha.

— Mit mondtam — szólt Kislaky diadalörömmel arcán — s hát melyik lyukba tette kend golyóját?

— Hát az elsőbe — felelt a kortes, bundáját igazítva — mint szolgabíró úr mondta. Éljen Bántornyi! — s ezzel a kortes az egész küldöttség nem kis zavarodására kiment.

— Ez az ember Bántornyi mellett jött szavazni, s Réty fiókjába tette szavazatát — szólt Kislaky megelégedéssel, –már kérdem, mehet-e ez tovább így?

— It is very extraordinary! — sóhajtott James úr, míg Slacsanek haját simítva megjegyzé. hogy rendkívüli esetek minden választási rendszer mellett jöhetnek elő.

— Rendkívüli esetek? Nézzük tehát — szólt a lelkesült Kislaky, ki mindig a titkos szavazás legnagyobb ellenségei közé tartozott. — Tud-e kend olvasni? kérdé az elsőt.

— Nem.

— És kend?

— Én sem.

— És kend?

— Mint gyerek tanultam ugyan —

— És kend?

— Igen.

[1] I.e. 'not at all'.

Mire Sáskay megjegyzé, hogy amint teins úr maga láthatja, az olvasni nem tudók csakugyan parányi kisebbségben vannak; s James úr a kapuhoz ment, hogy mindenkit a golyójának a második fiókba vetésére felszólítson.

(*A falu jegyzője*, 1845)

Zsigmond Kemény (1814-1875)

Lelki gyötrelem

Klára[1] ölébe ragadta gyermekét s csókjaival hinté el a haragos kis arcot, mely tele volt nehezteléssel és daccal.

— Alig tudtam már tartóztatni, ki akart menni, hogy fölkeresse mamáját, — szólt a szobából kitipegve egy vén asszony, a fogadósné öreg cselédje.

— Miért nem hoztad el apámat? Megígérted. Miért nincs itt apám! — tudakolá duzzogva és fenyegetve Endre.

— Feküdjél le kis fiam, feküdjél le, majd elmesélem, mit izent neked, és mesélek az aranyhajú angyalról is, ki álmodban akar veled találkozni. Siess, kedvesem, húnyd be szemedet, különben nem lel otthon szép vendéged, és aztán elrepül a jó gyermekekhez, kik őt alúva[2] várják . . . Fogd össze kacsóidat, imádkozzunk. Én elkezdem, te utánam mondod . . . Úgy, kedvesem, feküdjél már le.

— Dehát miért sírsz, anyám?

— Miért nem akarod behúnyni szemeidet?

Újját szemére tette Endre, hogy fedve tartsa, s míg Klára egy lassú dallamot mormolt, élénkebb pír terjedt a gyermek arcán, lélekzete valamivel erősebb, gyorsabb lőn[3] és elszenderült.

[1] The scene is Transylvania in the middle of the 17th century. Klára has arrived in Gyulafehérvár in search of her husband, a Sabbatarian priest. She hears him called a spy and meets him suddenly, whereupon she faints. A stranger takes her back to her lodgings.

[2] = *alva.*

[3] Past historic of *lesz.*

Az anya pedig inkább átengedhette magát a gyötrő kínoknak, melyek annál mélyebben égették, marcangolák belsejét, mentől szigorúabb fék alatt tartá.

Férje bűnét tudta már, de indokait nem, nem az iszonyú kísértést, nem a sötét jövendőt, nem azon megfejthetetlen módot, mellyel egy nemes, egy kiváló természeten oly hamar bírt a gonosz szellem diadalmaskodni.

— Ő visszarettent tőlem! Magamra hagyott, midőn eszméletemet vesztém! — sóhajtá.

Ha az erény rendes hiúságát ismerte volna Klára, akkor vérző sebére balzsamcseppet ejtene azon sejtelem, hogy férje nem mert vétekkel együtt hozzá közelíteni, s hogy a világ kárhoztatását inkább képes elviselni, mint az ő vádnélkül való tekintetét, mint ajkainak, melyek egykor óva intették, gyöngéd és könyörülő hallgatását.

— Kételkedik-e szerelmemben? e kérdésre, melyet remegve intézett magához, sűrűn omló könnyek vették át a gondolat helyét, s néhány hosszú percet töltött Klára anélkül, hogy fájdalma kitörésének határt szabni akarna. De jelleme erélyesebb, cselekvényrehajlóbb volt, mintsem az első roham lefolytával ne összpontosítsa elméje minden tevékenységét.

— Meg kell mentenem őt, — ismétlé újra és újra, mintha a határozott szavakban keresne segélyt kedélyének ellágyulása ellen.

Arca sötét, gondolkodó, de nyugodt kifejezést nyert.

Nem akart könnyezni, sóhajtani, nem akart saját szerencsétlenségére emlékezni, csak férje megszabadítása forgott elméjében.

S mitől szabadítsa meg?

A bűnből kellett férjét kiragadnia.

Ah! de ha szabaddá tette... megmentheti-e a lélekvádtól?

Klára visszaborzadt a komor, a válságos órák előérzetében.

Mit tegyen, ha férje elveszti önbecsülését, vagy ha a szégyent nem tudva hordozni, a tisztító bánat helyett a vad kétségbeesés örvényébe süllyed?

Az előzmények után lehetetlen volt Klárának nem hinni, hogy férje valami titkos és nagy kísértés miatt letért az erény útjáról, meghasonlott az Istennel, s földi érdekekért örökkévalókat kockáztatott.

Azzal sem ámíthatta magát, hogy az elkövetett bűn inkább csak tévedéshez hasonlít. Hisz hallá megneveztetni, s ismeré egész szörnyű jelentőségében.

S vajjon nincsenek-e kimaradhatatlan következményei, melyeken a megtérés sem változtathat többé? Nincs-e már családok becsülete, vagyona, élete visszafordíthatlan válság elébe víve?

Klára csak a „kém" szót hallotta. De kinek részére s ki ellen? Erről semmi tudomása nem volt.

Azonban amint mélyebben kezdett gondolkozni, amint fölidézett emlékében minden szót, melyet férje a börtön után, a Fehérvárra indulást megelőző napokon és a búcsúzás alatt ejtett, amint lelke elébe vonult a keserűség és düh, mellyel akkor Kassai István[1] nevét egy csoport homályos célzattal összekötve említé, amint Klára a mult rémítő töredékeit egybeillesztette, hogy belőle a jelenről fölvilágosítást nyerjen, mindinkább át volt azon sejtelemtől hatva, mely Kassaiban kereste a csábítás ördögét, a kísértő lelket.

Tehát az ország legmagasabb hivatalnokával kellett egy erőtlen nőnek küzdeni.

S minő fegyverrel tegye ezt?

Hol van kilátás a sikerre?

Kit ismer ő, az elhagyott nő, Fehérvárott?

Hisz még azt sem tudja, hogy férje hol lakik!

[1] Counsellor to Prince György Rákóczi I, and responsible for the persecution of the Sabbatarians.

Még az utcákat sem ismeri, nemhogy a palotákat és azokat, kik benne laknak, ismerné!

Csüggedten hajtá le fejét, s amint gyermeke ágya előtt ült sápadtan, merengő és levert tekintettel, nem vevé észre az ajtó megnyílását, a közelgő lépteket, s ijedten rezzent össze, midőn a korcsmáros cselédje, hogy jelenlétét értésül adja, köhögni és lábával zsúrolni kezdett.

— Egy úr akar még ma este az asszonnyal beszélni.

Klára szíve hőn dobogott, arca kipirult.

— Mégis fölkeresett! — rebegte.

Férjét képzelé. S milyen természetes volt, hogy őt várja az érkezőben! Hisz órák teltek el a rémítő történet után, órák, mióta a férj tudhatta, hogy hitvese itt van. S mily kicsiny Fehérvár! Mily könnyen lehet a városban ismeretesnek a megérkezőre találni, ha keresi, ha szereti, ha félti, ha életét veszélyben hiszi, ha bánatban hagyta és vígasztalásért kell fölkeresnie.

— Ő az! Ő az!

Klára e gondolattal sietett elébe.

S midőn könnyű alakja az ajtón kilebbent, midőn szerető és remegő karjait ölelésre akarta terjeszteni, oh! akkor azon idegent látta maga előtt, ki hazavezette, s ki bár részvétéért köszönetet érdemelt, jelenlétével keserű érzéseknél egyebet nem ébreszthetett, minthogy a megaláztatás tanúja volt, és tudta az iszonyú szót, mely férjét megbélyegzé.

Mintha Klára lábai a földhöz gyökereztek volna, mintha meleg tagjai egyenként szobordarabokká akartak volna merevedni, mintha minden élet az arcra tódult volna, hogy egy fájó csodálkozásban hagyja ott az utolsó kinyomatot s aztán eltűnjék!

Az ellentétes érzések e hatása rendkívüli lehetett, mert Elemér is leírhatatlan zavarba jött.

Mi volt e gyönyörű nő szépsége azon szédítő varázshoz

képest, melyet az öröm és csalódás gyors változása az arcvonalakon és az egész alakon előidézett!

Elemér értette mindazt, ami a nő lelkében történt. Nem kellett ahhoz szó. Egy tekintet mindent elbeszélt.

— Asszonyom! — mondá az ifjú — csak azon ok, mely sürgető kötelességemmé tette az idejövetelt, mentheti látogatásom szokatlan óráját.

Itt Elemér elszakadt.

Min kezdje?

A történet egyszerű volt, s mégis teli kényes pontokkal. Vagy nem átalja-e[1] Klára, hogy a férjére ruházott gúnyos névnek vannak tanúi? Nem kerül-e mindent, mi ide vonatkozik? S vegyülhet-e ő, az idegen, oly család ügyébe, melyhez nem tartozik sem a vérség kötelékei, sem az ajándékozott bizodalomnál fogva? Mit mondjon? átnyujtsa-e a levelet minden fölvilágosítás és magyarázat nélkül? De akkor hogy jutott hozzá? Nem fog-e titkolódzása szokatlannak látszani? Vagy elbeszélje-e, miért és miként ment Fridrikhez?[2] Megmondja-e, hogy ő azon Kassai Elemér, ki saját nagybátyját, Kassai Istvánt, gyanú alá vévén, elment a pékhez nyomozni, de nem talált a vádra elégséges adatokat? Mily nyomorultnak fogná e férje iránt oly gyöngéd nő a nagybátyja iránt gyöngédtelen unokaöccsét találni? Hosszú történetek, sajátságos viszonyok, kivételes kedélyállapot s egy egész múlt élményeinek és szenvedéseinek elbeszélésére volna szükség, hogy jobb színezetben tűnjék föl az, ami csak könnyedén odavetve, legalább is visszataszító cinizmusnak látszanék. És azért jött-e Elemér, hogy egy nőt, ki saját szerencsétlenségével van elfoglalva, idegen ügyekkel untasson?

Klára figyelemmel tekintett az ifjúra, s várta, amit ez mondandó leszen.[3]

[1] I.e. *utálja-e*. [2] The baker with whom Klára's husband lodges.
[3] I.e. *fog mondani*.

— Asszonyom, egy levelet kell önnek átadnom. Ne kérdje, miként jutottam birtokába.

Klára föltöri a pecsétet. S amint olvas, arcáról eltávozik minden vér. Inkább halotthoz hasonlít, mint élőhöz, inkább a halott sírjára tett fehér márványemlékhez, mint a halotthoz. Kezei nem reszketnek, szempilláin nem csillog könny, s midőn olvasni megszűnik, hideg nyugalommal fogja össze a levelet és kötényе zsebébe rejti.

Mennyi belküzdelmet takart e csend!

— Az imént nem fejezhettem ki — mondá Klára — köszönetemet a kegyelmed nemeslelkűségéért, s most, midőn másodszor kötelez hálára, érzem, mily szegény vagyok a szavakban.

— Bár tudtam volna — válaszolá Elemér — óhajtásom szerint folyni be megnyugtatására; de félek, hogy készségem csak növelte az aggodalmakat, ahelyett, hogy oszlatná.

— Abban is van valami megnyugtató, ha a szerencsétlenséget egész terjedelmében látjuk.

Klára oly szilárd, de bánatos hangon ejtette e szavakat, hogy Elemér túlragadtatva az illem és gyöngédség határain, egész hévvel mondá: — Meg vagyok győződve férjének ártatlansága felől.

A nő arcát lehellet-könnyű pír futotta el, de a vonalak továbbra is megtarták a bú és merengés kifejezését.

— Én állhatatosan hiszem, hogy őt rágalmazzák — folytatá Elemér mindinkább túlragadtatva.

— Az Isten színe előtt nem mindig az a valódi bűnös, ki megbotlott — szólt Klára. — A nyíl öl-e, vagy az a kéz, mely célzott? Ah! hisz az embernek szabad akarata van!

Két nagy könnycsepp gördült a nő arcára, de mintha szégyelné a fájdalom e jeleit, félig elfordulva kezet nyujtott az ifjúnak s hirtelen távozott.

— Talán ő is nagybátyámra gyanakszik! — sóhajtá

Elemér, míg haza indult. — Oh! én gyáva, oh! én nyomorult! Örökös kétség közt hányatom, s nincs szívemben erő merészebb elhatározásokra. Átallom rokonomat és nem tudok szakítani vele. Nem hiszem a vádakat azon alakban, amint ellene fölhozzák, nem hiszem teljes ártatlanságát akkor is, ha nem vádolják. Más vagy széttépné a vér kötelékeit, vagy védné a megbántott rokon becsületét, szóval és karddal. Ez oly természetes! S én, ki csekélységért vívtam párbajt, vizsgálok, hallgatok, kétkedem, hiszek és hánykódom a végletek közt. Mi zsibbasztja el kezemet, mi homályozza be szememet, mi bilincseli le akaratomat? Seredit kellett volna feleletre vonnom. De számat bezárta egy balsejtelem bátyám bűnössége felől. Fridrik mester vallomásai elhárították gyanúm okait s íme, a szerencsétlen nő ajkain ellebbent homályos célzat ismét a kétkedés örvénybe sodort. Oh! én nyomorult, oh én gyáva! Bár telt volna el már az éj! Bár lenne már hátam mögött Fehérvár minden emlékével, minden viszonyával! Legyen ártatlan, legyen bűnös, nem akarok többé semmi kapcsot nagybátyám és én közöttem!

(*A rajongók*, 1858–59)

Mihály Tompa
(1817-1868)

A tilinkóm nem szól . . .

A tilinkóm nem szól, elhasadt,
Amoda a hármas domb alatt;
Olyan szomorú volt a nóta,
Hogy a fát is meghasította.

Addig beh víg volt a nótája,
Míg a rózsám hallgatott rája;
Nyári estén, csendes időben
Ablakánál megfúttam[1] szépen.

De mióta a lány nem szeret,
Búbánatnál nem szólt egyebet;
Lassan fúttam, hogy más ne hallja,
A juhász-legénynek mi baja.

A tilinkóm nem szól, elrepedt;
Héjh megcsalt a rózsám, nem szeret!
Lassan fúttam, mégis elhasadt;
Úgy szerettem, mégis elhagyott!

(1846)

[1] =*megfújtam.*

A madár, fiaihoz[1]

Száraz ágon, hallgató ajakkal
Meddig ültök, csüggedt madarak?
Nincs talán még elfeledve a dal,
Melyre egykor tanítottalak?!
Vagy ha elmult s többé vissza nem jő
A víg ének s régi kedvetek:
Legyen a dal fájdalmas, merengő,
Fiaim, csak énekeljetek!

Nagy vihar volt. Feldúlt berkeinken
Enyhe, árnyas rejtek nem fogad;
S ti hallgattok? elkészültök innen?
Itt hagynátok bús anyátokat?!
Más berekben máskép szól az ének,
Ott nem értik a ti nyelvetek . . .
Puszta bár, az otthonos vidéknek,
Fiaim, csak énekeljetek!

Hozzatok dalt emlékül, a hajdan
Lomb- s virággal gazdag tájirul;[2]
Zengjétek meg a jövőt, ha majdan
E kopár föld újra felvirul.
Dalotokra könnyebben derül fény,
Hamarabb kihajt a holt berek;
A jelennek búját édesítvén:
Fiaim, csak énekeljetek!

[1] See Introduction, p. xxiv.
[2] = *tájairól.*

A bokorban itt az ősi fészek,
Mely növelte könnyü szárnyatok;
Megpihenni most is abba tértek,
Bár a fellegek közt járjatok!
S most, hogy a szél összevissza tépte:
Úgy tennétek, mint az emberek?
Itt hagynátok, idegent cserélve . . .?
— Fiaim, csak énekeljetek!

(1852)

János Arany
(1817-1882)

Mit csinálunk?

Földi! mit csináltok?
Kaszát kalapáltok?
Nem azt kalapálunk,
Fegyvert köszörűlünk.

A rendet a réten
Már levágtuk régen:
Megmártjuk kaszánkat
Ellenség vérében.

Szép piros harmatban
Fürösztjük kaszánkat:
Övig-övig vérben
Védjük jó hazánkat.

(1848)

Letészem a lantot

Letészem[1] a lantot. Nyugodjék.
Tőlem ne várjon senki dalt.
Nem az vagyok, ki voltam egykor,
Belőlem a jobb rész kihalt.
A tűz nem melegít, nem él:
Csak, mint reves fáé, világa.
Hová lettél, hová levél[2]
Oh lelkem ifjusága!

[1] =*leteszem*.
[2] Past historic of *lesz*.

Más ég hintette rám mosolyját,
Bársony palástban járt a föld,
Madár zengett minden bokorban,
Midőn ez ajak dalra költ.
Fűszeresebb az esti szél,
Himzettebb volt a rét virága.
Hová lettél, hová levél
Oh lelkem ifjusága!

Nem így, magánosan, daloltam:
Versenyben égtek hurjaim;
Baráti szem, müvészi gonddal
Függött a lantos ujjain;
Láng gyult a láng gerjelminél
S eggyé fonódott minden ága.
Hová lettél, hová levél
Oh lelkem ifjusága!

Zengettük a jövő reményit,
Elsírtuk a mult panaszát;
Dicsőség fényével öveztük
Körűl a nemzetet, hazát:
Minden dalunk friss zöld levél
Gyanánt vegyült koszorujába.
Hová lettél, hová levél
Oh lelkem ifjusága!

Ah, látni véltük sirjainkon
A visszafénylő hírt-nevet:
Hazát és népet álmodánk, mely
Örökre él s megemleget.
Hittük: ha illet a babér,
Lesz aki osszon . . . Mind hiába!
Hová lettél, hová levél
Oh lelkem ifjusága!

Most . . . árva énekem, mi vagy te?
Elhunyt daloknak lelke tán,
Mely temetőbül, mint kisértet,
Jár még föl a halál után . . .?
Himzett, virágos szemfedél . . .?
Szó, mely kiált a pusztaságba? . . .
Hová lettél, hová levél
Oh lelkem ifjusága!

Letészem a lantot. Nehéz az.
Kit érdekelne már a dal.
Ki örvend fonnyadó virágnak,
Miután a törzsök kihal:
Ha a fa élte[1] megszakad,
Egy percig éli túl virága.
Oda vagy,[2] érzem, oda vagy
Oh lelkem ifjusága.

(1850)

Mátyás anyja[3]

Szilágyi
Örzsébet
Levelét megirta;
Szerelmes
Könnyével
Azt is telesirta.

Fiának
A levél,
Prága városába,
Örömhírt
Viszen a
Szomorú fogságba:

[1] =*élete*.
[2] I.e. 'gone for ever'.
[3] Erzsébet Szilágyi seeks to ransom her son, the future King Mátyás from imprisonment in Prague, where he is jealously guarded by his predecessor, László V (1452–7).

„Gyermekem!
Ne mozdulj
Prága városából;
Kiveszlek,
Kiváltlak
A nehéz rabságból.

„Arannyal,
Ezüsttel
Megfizetek érted;
Szívemen
Hordom én
A te hazatérted.

„Ne mozdulj,
Ne indulj
Én egyetlen árvám!
Ki lesz az
Én fiam
Ha megejt az *ármány*?

„Adassék[1]
A levél
Hunyadi Mátyásnak,
Tulajdon
Kezébe,
Senkinek se másnak."

Fekete
Viaszból
Nyom reá pecsétet;
Könyöklőn
Várnak az
Udvari cselédek.

„Ki viszi
Hamarabb
Levelem Prágába?
Száz arany
Meg a ló,
Teste fáradsága."

„Viszem én,
Viszem én,
Hét nap elegendő."
„Szerelmes
Szivemnek
Hét egész esztendő!"

„Viszem én,
Hozom én
Válaszát három nap."
„Szerelmes
Szivemnek
Három egész hónap!"

„Istenem,
Istenem,
Mért nem adál szárnyat,
Hogy utól-
Érhetném
Az anyai vágyat!" —

S ahol jön,
Ahol jön
Egy fekete holló;
Hunyadi
Paizsán
Ül ahhoz hasonló.

[1] 3rd pers. sing. subjunctive passive.

Lecsapott,
Lecsapott
Fekete szélvészből.
Kikapá
Levelét
Az anyai kézből.

„Hamar a
Madarat! . . .
El kell venni tőle!”
Szalad a
Sokaság
Nyomba, hogy lelője.

Madarat
Nem egyet,
Százat is meglőnek:
Híre sincs,
Nyoma sincs
A levélvivőnek.

Napestig
Az erdőn
Űzeti hiába:
Éjfelen
Kocognak
Özvegy ablakába.

„Ki kopog?
Mi kopog?
Egy fekete holló!
Nála még
A levél,
Vagy ahhoz hasonló.

„Piros a
Pecsétje;
Fínom a hajtása:
Óh áldott,
Óh áldott
A *keze-irása*!”

(1854)

Elesett a Rigó lovam patkója . . .

Elesett a Rigó lovam patkója,
Jeges az út, majd kicsúszik alóla,
Fölveretem orosházi[1] kovácsnál, —
Ej no! hiszen több is veszett Mohácsnál![2]

Volt nekem egy rigószőrü paripám,
Eladatta a szegedi[1] kapitány,
Ott se voltam az áldomás-ivásnál, —
Ej no! hiszen több is veszett Mohácsnál!

[1] See p. 51, n. 1.
[2] The scene of the battle in 1526, after which the Turks overran Hungary.

Volt nekem egy fehér házam, leégett;
A telekem, azt se tudom, kié lett;
Be van írva vásárhelyi[1] tanácsnál, —
Ej no! hiszen több is veszett Mohácsnál!

Volt szeretőm, esztendeig sirattam,
Az nekem a mindennapi halottam,
Most is megvan az a gonosz, de másnál, —
Ej no! hiszen több is veszett Mohácsnál!

(1856)

A walesi bárdok[2]

Edwárd király, angol király
Léptet fakó lován:
Hadd látom, úgymond, mennyit ér
A welszi tartomány.

Van-e ott folyó és földje jó?
Legelőin fű kövér?
Használt-e a megöntözés:
A pártos honfivér?

S a nép, az istenadta nép,
Ha oly boldog-e rajt'
Mint akarom, s mint a barom,
Melyet igába hajt?

Felség! valóban koronád
Legszebb gyémántja Welsz:
Földet, folyót, legelni jót,
Hegy-völgyet benne lelsz.

S a nép, az istenadta nép
Oly boldog rajta, Sire!
Kunyhói mind hallgatva, mint
Megannyi puszta sír. —

Edwárd király, angol király
Léptet fakó lován:
Körötte csend, amerre ment,
És néma tartomány.

[1] The references in this folksong-type poem are all to the Alföld — Orosháza, Szeged and Hódmezővásárhely.
[2] See Introduction, p. xxiii.

Montgomery a vár neve,
Hol aznap este szállt;
Montgomery, a vár ura,
Vendégli a királyt.

Vadat és halat, s mi jó falat
Szem-szájnak ingere,
Sürgő csoport, száz szolga hord,
Hogy nézni is tereh;[1]

S mind, amiket e szép sziget
Ételt-italt terem;
S mind, ami bor pezsegve forr
Túl messzi tengeren.

Ti urak, ti urak! hát senki-sem
Koccint értem pohárt?
Ti urak, ti urak! . . . ti welsz ebek!
Ne éljen Eduárd?

Vadat és halat, s mi az ég alatt
Szem-szájnak kellemes,
Azt látok[2] én: de ördög itt
Belül minden nemes.

Ti urak, ti urak, hitvány ebek!
Ne éljen Eduárd?
Hol van, ki zengje tetteim—
Elő egy welszi bárd!

Egymásra néz a sok vitéz,
A vendég welsz urak;
Orcáikon, mint félelem,
Sápadt el a harag.

Szó bennszakad, hang fennakad,
Lehellet megszegik.—
Ajtó megől fehér galamb,
Ősz bárd emelkedik.

Itt van, király, ki tetteidet
Elzengi, mond az agg;
S fegyver csörög, haló hörög,
Amint húrjába csap.

„Fegyver csörög, haló hörög,
A nap vértóba száll,
Vérszagra gyűl az éji vad:
Te tetted ezt, király!

[1] = *teher.*
[2] *Azt* refers to an undefined object, hence the subjective.

Levágva népünk ezrei,
Halomba, mint kereszt,
Hogy sírva tallóz, aki él:
Király, te tetted ezt!"

Máglyára! el! igen kemény —
Parancsol Eduárd —
Ha! lágyabb ének kell nekünk;
S belép egy ifju bárd.

„Ah! lágyan kél az esti szél
Milford-öböl felé;
Szüzek siralma, özvegyek
Panasza nyög belé.

Ne szűlj rabot, te szűz! anya
Ne szoptass csecsemőt!..."
S int a király. S elérte még
A máglyára menőt.

De vakmerőn s hivatlanúl
Előáll harmadik;
Kobzán[1] a dal magára vall,
Ez íge hallatik:

„Elhullt csatában a derék —
No halld meg, Eduárd:
Neved ki diccsel ejtené,
Nem él oly welszi bárd.

„Emléke sír a lanton még—
No halld meg, Eduárd:
Átok fejedre minden dal,
Melyet zeng welszi bárd."

Meglátom én! — S parancsot ád
Király rettenetest:
Máglyára, ki ellenszegűl,
Minden welsz énekest!

Szolgái szétszáguldanak,
Ország-szerin, tova.
Montgomeryben így esett
A híres lakoma. —

S Edwárd király, angol király
Vágtat fakó lován;
Körötte ég földszint az ég:
A welszi tartomány.

Ötszáz, bizony, dalolva ment
Lángsírba welszi bárd:
De egy se bírta mondani
Hogy: éljen Eduárd.—

Ha, ha! mi zúg? . . . mi éji dal
London utcáin ez?
Felköttetem a lord-majort,
Ha bosszant bármi nesz!

[1] From *koboz*.

Áll néma csend; légy
szárnya bent,
Se künn,[1] nem hallatik:
„Fejére szól, ki szót emel!
Király nem alhatik."

Ha, ha! Elő síp, dob, zene!
Harsogjon harsona:
Fülembe zúgja átkait
A welszi lakoma . . .

De túl zenén, túl síp-dobon,
Riadó kürtön át:
Ötszáz énekli hangosan
A vértanúk dalát.

(1857)

Epilógus

Az életet már megjártam.
Többnyire csak gyalog jár-
tam,
Gyalog bizon' . . .
Legfölebb ha omnibuszon.

Ha egy úri ló-csiszárral
Találkoztam s bevert sárral:
Nem pöröltem,—
Félre álltam, letöröltem.

Láttam sok kevély fogatot,
Fényes tengelyt, cifra bakot:
S egy a lelkem!
Soha meg se irigyeltem.

Hiszen az útfélen itt-ott
Egy kis virág nekem nyitott:
Azt leszedve,
Megvolt szívem minden
kedve.

Nem törődtem bennülővel,
Hetyke úrral, cifra
nővel:
Hogy áll orra
Az út szélin[2] baktatóra.

Az életet, ím, megjártam;
Nem azt adott, amit vártam:
Néha többet,
Kérve, kellve, kevesebbet.

[1] =*kint.*
[2] =*útszélen.*

Ada címet, bár nem kértem,
S több a hírnév, mint az
 érdem:
 Nagyra vágyva,
Bételt volna keblem vágya.

Kik hiúnak és kevélynek —
Tudom, boldognak is vélnek:
 S boldogságot
Irígy nélkül még ki látott?

Bárha engem titkos métely
Fölemészt: az örök kétely;
 S pályám bére
Égető, mint Nessus vére.

Mily temérdek munka várt
 még! . . .
Mily kevés, amit beválték
 Félbe'-szerbe',
S hány reményem hagyott
 cserbe'! . . .

Az életet már megjártam:
Mit szivembe vágyva zár-
 tam,
 Azt nem hozta,
Attól makacsul megfoszta.

Egy kis *független* nyugalmat,
Melyben a dal megfoganhat,
 Kértem kérve:
S ő halasztá évrül-évre.

Csöndes fészket zöld lomb
 árnyán,
Hova múzsám el-elvárnám,
 Mely sajátom;
Benne én és kis családom.

Munkás, vídám öregséget,
Hol, mit kezdtem, abban
 véget . . .
 Ennyi volt csak;
S hogy megint ültessek, olt-
 sak.

Most, ha adná is már, késő:
Egy nyugalom vár, a végső:
 Mert hogy szálljon,
Bár kalitja már kinyitva,
Rab madár is szegett szárnyon?

(1877)

Sándor Petőfi
(1823-1849)

Befordúltam a konyhára . . .

Befordúltam a konyhára,
Rágyujtottam a pipára . . .
Azaz rágyujtottam volna,
Hogyha már nem égett volna.

A pipám javában égett,
Nem is mentem én a végett!
Azért mentem, mert megláttam,
Hogy odabenn szép leány van.

Tüzet rakott eszemadta,
Lobogott is, amint rakta;
Jaj de hát még szeme párja,
Annak volt ám nagy a lángja!

Én beléptem, ő rám nézett,
Aligha meg nem igézett!
Égő pipám kialudott,
Alvó szívem meggyúladott.

(1843)

Füstbement terv

Egész uton — hazafelé —
Azon gondolkodám:
Miként fogom szólítani
Rég nem látott anyám?

Mit mondok majd először is
Kedvest, szépet neki?
Midőn, mely[1] bölcsőm
ringatá,
A kart terjeszti ki.

S jutott eszembe számtalan
Szebbnél szebb gondolat,
Mig állni látszék az idő,
Bár a szekér szaladt.

S a kis szobába toppanék...
Röpűlt felém anyám...
S én csüggtem ajkán...
szótlanúl...
Mint a gyümölcs a fán.

(1844)

Megy a juhász szamáron...

Megy a juhász szamáron,
Földig ér a lába;
Nagy a legény, de nagyobb
Boldogtalansága.

Gyepes hanton furulyált,
Legelészett nyája.
Egyszer csak azt hallja, hogy
Haldoklik babája.

Fölpattan a szamárra,
Haza felé vágtat;
De már későn érkezett,
Csak holttestet láthat.

Elkeseredésében
Mi telhetett tőle?
Nagyot ütött botjával
A szamár fejére.

(1844)

[1] The antecedent is *kart*.

Az alföld

Mit[1] nekem te zordon Kárpátoknak
Fenyvesekkel vadregényes tája!
Tán csodállak, ámde nem szeretlek,
S képzetem hegyvölgyedet nem járja.

Lenn az alföld tengersík vidékin
Ott vagyok honn, ott az én világom;
Börtönéből szabadúlt sas-lelkem,
Ha a rónák végtelenjét látom.

Felröpűlök ekkor gondolatban
Túl a földön felhők közelébe,
S mosolyogva néz rám a Dunától
A Tiszáig nyúló róna képe.

Délibábos ég alatt kolompol
Kis-Kunságnak száz kövér gulyája;
Deleléskor hosszu gémü kútnál
Széles vályu kettős ága várja.

Méneseknek nyargaló futása
Zúg a szélben, körmeik dobognak,
S a csikósok kurjantása hallik
S pattogása[2] hangos ostoroknak.

A tanyáknál szellők lágy ölében
Ringatózik a kalászos búza,
S a smaragdnak eleven szinével
A környéket vígan koszorúzza.

[1] The verb is suppressed, e.g. *mit jelentesz*, *mi vagy*.
[2] Reversed possessive.

Ide járnak szomszéd nádasokból
A vadlúdak esti szürkületben,
És ijedve kelnek légi útra,
Hogyha a nád a széltől meglebben.

A tanyákon túl a puszta mélyén
Áll magányos, dőlt kéményü csárda;
Látogatják a szomjas betyárok,
Kecskemétre menvén a vásárra.

A csárdánál törpe nyárfaerdő
Sárgul a királydinnyés homokban;
Oda fészkel a visító vércse,
Gyermekektől nem háborgatottan.[1]

Ott tenyészik a bús árvalyányhaj
S kék virága a szamárkenyérnek;[2]
Hűs tövéhez déli nap hevében
Megpihenni tarka gyíkok térnek.

Messze, hol az ég a földet éri,
A homályból kék gyümölcsfák orma
Néz, s megettök, mint halvány ködoszlop,
Egy-egy város templomának tornya.—

Szép vagy, alföld, legalább nekem szép!
Itt ringatták bölcsőm, itt születtem.
Itt borúljon rám a szemfödél, itt
Domborodjék a sír is fölöttem.

(1844)

[1] 'Unmolested.'
[2] 'Globe-thistle.'

Esik, esik, esik . . .

Esik, esik, esik,
Csókeső esik;
Az én ajakamnak
Nagyon jól esik.[1]

Az eső, az eső
Villámlással jár;
A szemed, galambom
Villámló sugár.

Mennydörög, mennydörög
A hátunk megett;[2]
Szaladok, galambom,
Jön az öreged.[3]

(1844)

Fa leszek, ha . . .

Fa leszek, ha fának vagy virága,
Ha harmat vagy: én virág leszek.
Harmat leszek, ha te napsugár vagy . . .
Csak hogy lényeink egyesüljenek.

Ha, leányka, te vagy a mennyország:
Akkor én csillaggá változom.
Ha, leányka, te vagy a pokol: (hogy
Egyesüljünk) én elkárhozom.

(1845)

[1] Word-play on *esik* 'rains' and *jól esik* 'pleases'.
[2] =*mögött.*
[3] I.e. 'father' (or mother).

A magyar nemes

Őseimnek véres kardja
Fogason függ, rozsda marja,
Rozsda marja, nem ragyog.
Én magyar nemes vagyok!

Munkátlanság csak az élet.
Van életem, mert henyélek.
A parasztè a dolog.
Én magyar nemes vagyok!

Jól készítsd, paraszt, az útat,
Mert hisz a te lovad vontat.[1]
Csak nem járhatok gyalog.
Én magyar nemes vagyok!

Tán a tudománynak éljek?
A tudósok mind szegények.
Nem írok, nem olvasok.
Én magyar nemes vagyok!

Van, igaz, egy tudományom,
Ebben párom ritkán látom:
Enni, inni jól tudok.
Én magyar nemes vagyok!

Milyen jó, hogy nem adózok.
Gazdaságom van, de nem sok,
S van adósságom, de sok.
Én magyar nemes vagyok!

Mit törődöm a hazával?
A hazának száz bajával?
Majd elmúlnak a bajok.
Én magyar nemes vagyok!

Ősi joggal, ősi házban
Éltemet ha elpipáztam:
Mennybe visznek angyalok.
Én magyar nemes vagyok!

(1845)

A bánat? egy nagy óceán

A bánat? egy nagy óceán.
S az öröm?
Az óceán kis gyöngye. Talán,
Mire fölhozom, össze is töröm.

(1846)

[1] The implied object is *engem*.

Reszket a bokor, mert . . .

Reszket a bokor, mert
Madárka szállott rá.
Reszket a lelkem, mert
Eszembe jutottál.
Eszembe jutottál,
Kicsiny kis leányka,
Te a nagy világnak
Legnagyobb gyémántja!

Teli van a Duna,
Tán még ki is szalad.
Szívemben is alig
Fér meg az indulat.
Szeretsz, rózsaszálam?
Én ugyan szeretlek,
Apád-anyád nálam
Jobban nem szerethet.

Mikor együtt voltunk,
Tudom hogy szerettél.
Akkor meleg nyár volt,
Most tél van, hideg tél.
Hogyha már nem szeretsz,
Az isten áldjon meg,
De ha még szeretsz, úgy
Ezerszer áldjon meg!

(1846)

Egy gondolat bánt engemet . . .

Egy gondolat bánt engemet:
Ágyban, párnák közt halni meg!
Lassan hervadni el, mint a virág,
Amelyen titkos féreg foga rág;
Elfogyni lassan, mint a gyertyaszál,
Mely elhagyott, üres szobában áll.
Ne ily halált adj, istenem,
Ne ily halált adj énnekem!

Legyek fa, melyen villám fut keresztül,
Vagy melyet szélvész csavar ki tövestül;
Legyek kőszirt, mit a hegyről a völgybe
Eget-földet rázó mennydörgés dönt le . . .
Ha majd minden rabszolga-nép
Jármát megúnva síkra lép
Piroslό arccal és piros zászlókkal
És a zászlókon eme szent jelszóval:
„Világszabadság!"
S ezt elharsogják,
Elharsogják kelettől nyugatig,
S a zsarnokság velök megütközik:
Ott essem el én,
A harc mezején,
Ott folyjon az ifjui vér ki szivembül,
S ha ajkam örömteli végszava zendül,
Hadd nyelje el azt az acéli zörej,
A trombita hangja, az ágyudörej,
S holttestemen át
Fújó paripák
Száguldjanak a kivivott diadalra,
S ott hagyjanak engemet összetiporva. —
Ott szedjék össze elszórt csontomat,
Ha jön majd a nagy temetési nap,
Hol ünnepélyes, lassu gyász-zenével
És fátyolos zászlók kiséretével
A hősöket egy közös sírnak adják,
Kik érted haltak, szent világszabadság!

(1846)

A XIX. század költői

Ne fogjon senki könnyelműen
A húrok pengetésihez!
Nagy munkát vállal az magára,
Ki most kezébe lantot vesz.
Ha nem tudsz mást, mint eldalolni
Saját fájdalmad s örömed:
Nincs rád szüksége a világnak,
S azért a szent fát félretedd.

Pusztában bujdosunk, mint hajdan
Népével Mózses bujdosott,
S követte, melyet isten külde
Vezérül, a lángoszlopot.
Újabb időkben isten ilyen
Lángoszlopoknak rendelé
A költőket, hogy ők vezessék
A népet Kánaán felé.

Előre hát mind, aki költő,
A néppel tűzön-vízen át!
Átok reá, ki elhajítja
Kezéből a nép zászlaját,
Átok reá, ki gyávaságból
Vagy lomhaságból elmarad,
Hogy, míg a nép küzd, fárad, izzad,
Pihenjen ő árnyék alatt!

Vannak hamis próféták, akik
Azt hirdetik nagy gonoszan,
Hogy már megállhatunk, mert itten
Az ígéretnek földe van.

Hazugság, szemtelen hazugság,
Mit milliók cáfolnak meg,
Kit nap hevében, éhen-szomjan,
Kétségbeesve tengenek.

Ha majd a bőség kosarából
Mindenki egyaránt vehet,
Ha majd a jognak asztalánál
Mind egyaránt foglal helyet,
Ha majd a szellem napvilága
Ragyog minden ház ablakán:
Akkor mondhatjuk, hogy megálljunk,
Mert itt van már a Kánaán!

És addig? addig nincs megnyugvás,
Addig folyvást küszködni kell. —
Talán az élet, munkáinkért,
Nem fog fizetni semmivel,
De a halál majd szemeinket
Szelíd, lágy csókkal zárja be,
S virágkötéllel, selyempárnán
Bocsát le a föld mélyibe.

(1847)

Falu végén kurta kocsma . . .

Falu végén kurta kocsma,
Oda rúg ki a Szamosra,
Meg is látná magát benne,
Ha az éj nem közelegne.

Az éjszaka közeledik,
A világ lecsendesedik,
Pihen a komp, kikötötték,
Benne hallgat a sötétség.

De a kocsma bezeg hangos!
Munkálódik a cimbalmos,
A legények kurjogatnak,
Szinte reng belé az ablak.

,,Kocsmarosné, aranyvirág,
Ide a legjobbik borát,
Vén legyen, mint a nagyapám,
És tüzes, mint ifju babám!

Húzd rá cigány, húzzad jobban,
Táncolni való kedvem van,
Eltáncolom a pénzemet,
Kitáncolom a lelkemet!"

Bekopognak az ablakon:
,,Ne zúgjatok olyan nagyon,
Azt üzeni az uraság,
Mert lefekütt, alunni[1] vágy."

,,Ördög bújjék az uradba,
Te pedig menj a pokolba!...
Húzd rá cigány, csak azért is,
Ha mingyárt az ingemért is!"

Megint jőnek, kopogtatnak:
,,Csendesebben vigadjanak,
Isten áldja meg kendteket,
Szegény édesanyám beteg."

Feleletet egyik sem ad,
Kihörpentik boraikat,
Végét vetik a zenének
S hazamennek a legények.

(1847)

Szeptember végén

Még nyílnak a völgyben a kerti virágok,
Még zöldel a nyárfa az ablak előtt,
De látod amottan a téli világot?
Már hó takará el a bérci tetőt.
Még ifju szivemben a lángsugarú nyár
S még benne virít az egész kikelet,
De íme sötét hajam őszbe vegyűl már,
A tél dere már megüté fejemet.

[1] = *lefeküdt, aludni.*

Elhull a virág, eliramlik az élet . . .
Ülj, hitvesem, ülj az ölembe ide!
Ki most fejedet kebelemre tevéd le,
Holnap nem omolsz-e sirom fölibe?
Oh mondd: ha előbb halok el, tetemimre
Könnyezve borítasz-e szemfödelet?
S rábírhat-e majdan egy ifju szerelme,
Hogy elhagyod érte az én nevemet?

Ha eldobod egykor az özvegyi fátyolt,
Fejfámra sötét lobogóul akaszd,
Én feljövök érte a síri világból
Az éj közepén, s oda leviszem azt,
Letörleni véle könyűimet érted,
Ki könnyeden elfeledéd hivedet,
S e szív sebeit bekötözni, ki téged
Még akkor is, ott is örökre szeret!

(1847)

Rózsabokor a domboldalon . . .

Rózsabokor a domboldalon,
Borúlj a vállamra, angyalom,
Súgjad a fülembe, hogy szeretsz,
Hej, milyen jól esik nekem ez!

Lenn a Dunában a nap képe,
Reszket a folyó örömébe',
Ringatja a napot csendesen,
Épen mint én téged, kedvesem.

Mit nem fognak rám a gonoszok,
Hogy én istentagadó vagyok!
Pedig mostan is imádkozom . . .
Szíved dobogását hallgatom.

(1847)

Nemzeti dal[1]

Talpra magyar, hí a haza!
Itt az idő, most vagy soha!
Rabok legyünk vagy szabadok?
Ez a kérdés, válasszatok! —
A magyarok istenére
Esküszünk,
Esküszünk, hogy rabok tovább
Nem leszünk!

Rabok voltunk mostanáig,
Kárhozottak ősapáink,
Kik szabadon éltek-haltak,
Szolgaföldben nem nyughatnak.
A magyarok istenére
Esküszünk,
Esküszünk, hogy rabok tovább
Nem leszünk!

Sehonnai bitang ember,
Ki most, ha kell, halni nem mer,
Kinek drágább rongy élete,
Mint a haza becsülete.
A magyarok istenére
Esküszünk,
Esküszünk, hogy rabok tovább
Nem leszünk!

Fényesebb a láncnál a kard,
Jobban ékesíti a kart,
És mi még is láncot hordtunk!
Ide veled, régi kardunk!

[1] The famous revolution poem of 1848.

A magyarok istenére
Esküszünk,
Esküszünk, hogy rabok tovább
Nem leszünk!

A magyar név megint szép lesz,
Méltó régi nagy hiréhez;
Mit[1] rá kentek a századok,
Lemossuk a gyalázatot!
A magyarok istenére
Esküszünk,
Esküszünk, hogy rabok tovább
Nem leszünk!

Hol sírjaink domborulnak,
Unokáink leborulnak,
És áldó imádság mellett
Mondják el szent neveinket.
A magyarok istenére
Esküszünk,
Esküszünk, hogy rabok tovább
Nem leszünk!

(1848)

[1] The antecedent is *gyalázatot*.

Mór Jókai
(1825-1904)

Melyiket a kilenc közül?

Élt egyszer egy szegény csizmadia ebben a nagy Pestvárosban, aki semmiképpen sem tudott a mesterségéből meggazdagodni.

Nem azért, mintha az emberek összebeszéltek volna, hogy ezentúl ne viseljenek csizmát, nem is azért, mintha a magistratus megparancsolta volna, hogy ezentúl a csizmákat fele áron kell adni;[1] munkát is jót csinált a jámbor, maguk a vevők panaszkodtak, hogy nem bírják elszaggatni, amit ő egyszer megvarr; volt is dolgoztatója elég, fizettek is becsülettel, egy sem szökött meg kifizetetlen árjegyzékkel, és János gazda mégis — mégis — nem tudott zöld ágra jutni,[2] ahogy németül mondják, sőt nemnéha közel volt ahhoz, hogy akármiféle száraz ágat jónak találjon arra, hogy onnan nézegessen le. — Hanem persze ez csak szóbeszéd volt nála; János gazda igaz keresztyén ember volt, s keresztyén ember nem akasztja fel magát, akármilyen szorongatott állapotban legyen is.

Azért nem tudott tudniillik semmi gazdagságra jutni János mester, mert másfelől az Isten olyan különösen megáldotta, hogy minden esztendőben rendszerint született neki egy gyermeke, hol egy fiú, hol egy leány, és az olyan egeszséges volt, mint a makk.

— Oh én uram Istenem! sóhajtozék gyakran János mester minden újabb számnál, amint lőn[3] hat, lőn hét,

[1] I.e. *eladni*. [2] I.e. 'succeed in life'. [3] Past historic of *lesz*.

lőn nyolc; mikor lesz már e hosszú sor után punktum? Egyszer azután eljöve a kilencedik; az asszony meghalt, és azután ott volt a punktum.

János mester egyedül maradt a kilenc gyermekkel a világon. — Hej sok van azzal mondva.

Kettő, három már iskolába járt, egyet kettőt járni kellett tanítani, másikat ölben hordozni, kit etetni, kinek pépet főzni; emezt öltöztetni, amazt megmosdatni és valamennyire keresni! Bizony édes atyámfiai, ez nem csekély hivatal; próbálja csak meg valaki.

Mikor cipőt kellett szabni, egyszerre kilenc cipő! mikor kenyeret kellett szelni, egyszerre kilenc karéj! mikor ágyat kellett vetni, egyszerre az ajtótól az ablakig az egész szoba ágy, tömve, dugva, apróbb, nagyobb, szöszke, barna, emberforma fejekkel!

— Oh én uram és Istenem, de megáldottál engemet; sóhajtozék magában elégszer a jámbor kézműves, mikor éjfélen is túl ott ütötte a mustával[1] a talpat a tőkénél, hogy ennyi lélek testét táplálhassa, s hurítgatta[2] hol egyiket, hol másikat, aki álmában rosszul viselte magát. Kilenc biz ez, egész kerek kilences szám. No de hála érte az úr Istennek, még nincsen ok a panaszra; mind a kilenc egészséges, jó erkölcsű, szép is, jó is, épkézlábbal és gyomorral megáldva; s inkább kilenc darab kenyér, mint egy orvosságos üveg, inkább kilenc ágy egymás mellett, mint egy koporsó közötte; az úr Isten őrizzen meg tőle minden érzékeny apát, anyát, még akinek nyolc marad is, ha egyet elvesznek belőle.

Nem is volt János mester gyermekeinek semmiféle szándékuk a meghalásra; az már el volt végeztetve, hogy ők mind a kilencen keresztüldolgozzák magukat az életen, s nem engedik át a helyüket senkinek; nem ártott azoknak sem az eső, sem a hó, sem a száraz kenyér.

[1] 'Mallet.' [2] 'Shouted at.'

Egy karácsonyestén János mester későn tért haza a nagy szaladgálásból, mindenfelé kész munkákat vitt haza, kevés pénzecskét szedett be; ami ismét a mesterségéhez, meg a napi szükségek fedezésére kellett. Haza felé futtában[1] minden utcaszegleten látott aranyos ezüstös báránykákkal, cukorbabákkal rakott asztalokat, amiket jámbor kofák árulgatnak olyan gyermekek számára, akik magukat jól viselik; meg is kérdik elébb, hogy a rossz gyermekeknek ne adjanak el belőle; János mester egy-egy helyen meg is állt: talán venni kellene belőle? micsoda? mind a kilencnek? Az sok volna. Egynek vegyen? Hogy a többi azután irigykedjék rá. Nem; majd ad ő nekik más karácsonyi ajándékot, szépet is, jót is, ami el sem törik, el sem kopik, s aminek valamennyi örülhet, még sem veheti el a másiktól.

— No gyerekek: egy, kettő, három, négy; mind itt vagytok, szólt haza érkezve kilencfejű családja körébe. Tudjátok-e azt, hogy ma van karácsonyestéje? Ünnep ám ez. Nagyon örvendetes ünnep. Ma este nem dolgozunk semmit, hanem örülünk valamennyien.

A gyerekek úgy örültek annak, hogy ma örülni kell, majd felszedték vele a házat.

— Megálljatok csak, hát még ha megtanítalak benneteket arra a nagyon szép énekre, amit én tudok. Nagyon szép éneket tudok ám; erre a napra tartogattam, karácsonyi ajándéknak!

Az apróságok nagy zsivajjal kapaszkodtak apjuk ölébe, nyakába; majd lehúzták azért a szép énekért.

— No! mit mondtam! Ha jól viselitek magatokat. Aztán szépen sorba kell állni. Így ni, amelyik nagyobb, előbbre, amelyik kisebb, hátrább.

Úgy szépen sorba állította őket, mint az orgonasípokat. A két legkisebb az apa térdére és karjára jutott.

[1] 'As he ran.'

— Már most csendesség! Majd én előbb elénekelem: ti pedig majd aztán utánam.

Azzal komoly áhitatos képpel, levéve zöld sipkáját fejéről, elkezdé János mester azt a szép hangzatos éneket, ami így kezdődik:

„Krisztus urunknak áldott születésén . . ."

A nagyobb fiúk és leánykák az első hallásra megtanulták a dallamot, több baj volt a kisebbekkel, azok mindig félrevitték a dalt, s ki-kimentek a taktusból, végre mindnyájan tudták azt s az volt aztán a nagy öröm, mikor mind a kilenc egyszerre vékonyan és vékonyabban zengedezé azt a szép dalt, amit maguk az angyalok énekeltek azon az emlékezetes éjszakán, s talán még most is énekelnek, amidőn ilyen szép kilenc ártatlan lélek őszinte örömének harmóniás hangja kéri onnan felülről a viszhangot tőlük.

Bizonyára a gyermekek énekének örülnek oda fenn a mennyben.

Hanem annál kevésbbé örülnek oda fenn az első emeleten.

Ott egy gazdag nőtlen úr lakik, egymaga kilenc szobában: egyikben ül, a másikban alszik, a harmadikban pipázik, a negyedikben ebédel; ki tudná, mire használja a többit?

Ennek sem felesége, sem gyermeke, hanem van annyi pénze, hogy maga sem tudja, mennyi.

Ez a gazdag úr éppen nyolcadik szobájában ült az este, és azon gondolkozott, hogy miért nincs az ételnek íze? miért nincs a hírlapokban semmi érdekes? miért nincs e nagy szobákban elég levegő? miért nincs a ruganyos ágyban csendes álom? amidőn János mester földszinti szobájából elkezdett elébb lassan, aztán mindig erősebben hangzani föl hozzá ama vidámságra ösztönző ének.

Eleinte nem akart rá ügyelni, hitte, hogy majd vége szakad, hanem amikor már tizedszer is újra kezdték, nem állhatta tovább a dolgot.

Összemorzsolta kialudt szivarát, s lement maga hálókabátban a csizmadia szállására.

Éppen végezték azt a verset, amint benyitott hozzájuk, s János mester egész tisztelettel kelt fel a nagy úr előtt háromlábú székéről.

— Kend János mester a csizmadia, úgy-e? kérdé tőle a gazdag úr.

— Igenis szolgálatjára, nagyságos uram, parancsol egy pár fénymázas topánkát?

— Nem azért jöttem. De sok gyermeke van kendnek.

— Van biz, nagyságos uram, kicsiny is, nagy is. — Sok száj, mikor evésre kerül a dolog.

— Még több száj, mikor énekelnek. Hallja kend János mester, én kendet szerencsés emberré akarom tenni. Adjon nekem egyet ide a gyermekei közül, én azt fiammá[1] fogadom, felneveltetem, eljár velem utazni külföldre, lesz belőle úr, a többieket is segítheti.

János mester szörnyű szemeket meresztett erre a mondásra; nagy szó volt az! egy gyermeket úrrá tenni. Kinek ne ütne ez szeget a fejébe?

Hogyne adná? Persze, hogy odaadja! hiszen az nagy szerencse.

— No válasszon kend közülük hamar egyet; aztán menjünk.

János mester hozzáfogott a választáshoz:

— Ez a Sándorka. No ezt nem adom. Ez jól tanul; ebből papnak kell lenni; a második: ez leány, leány nem kell a nagyságos úrnak; a Ferencke: ez már segít nekem a mesterségben, e nélkül nem lehetek el; a Jánoska: lám, lám, ez meg a nevemre van keresztelve, nem adhatom oda; a kis Józsi: ez meg egészen az anyja formája, mintha csak őtet látnám, ez ne lenne többet a háznál? No most megint leány következik, ez semmi; azután itt van a Palika. Ez

[1] *-vá* — termination denoting change.

volt az anyjának legkedvesebbje; oh szegény asszony, megfordulna a koporsójában, ha ezt idegennek adnám; no ez a kettő meg még nagyon kicsiny, mit csinálna velük a nagyságos úr?

Úgy járt, hogy már a végére ért, még sem tudott választani. Azután alulról kezdte felfelé; de csak az lett akkor is a vége, hogy ő bizony nem tudja, melyiket adja oda, mert ő valamennyit szereti.

— No porontyok! válasszatok magatok; melyitek akar elmenni, nagy úr lenni, kocsiban járni? szóljatok no; álljon elő, aki akar.

A szegény csizmadia majd elfakadt már sírva, ahogy ezt mondta; a gyerekek azonban e biztatás alatt apródonkint mind a háta mögé húzódtak; ki kezét, ki lábát, ki bőrkötényét fogta meg apjának, úgy kapaszkodott bele, s bujt a nagy úr elől.

Utoljára János mester nem állhatta tovább, odaborult közéjük, átnyalábolta valamennyit, s elkezdett a fejükre sírni, azok pedig vele együtt.

— Nem lehet, nagyságos uram, nem lehet. Kérjen tőlem akármit a világon, de gyermekemet egyiket sem adhatom senkinek, ha már az úr Isten nekem adta őket.

A gazdag úr azt mondta rá, hogy ő lássa, hanem hát legalább annyit tegyen meg a kedvéért, hogy ne énekeljen többet gyermekeivel ide alant, s fogadjon el tőle ezer pengőt ezért az áldozatért.

János mester soha még csak kimondva sem hallotta ezt a szót: „ezer pengő", és most a markába[1] nyomva érzé.

A nagyságos úr megint felment a szobájába unatkozni, János mester pedig nagyot bámult azon az ismeretlen alakú ezer forintos banknótán, s azután elcsukta azt félelmesen ládájába, a kulcsot zsebébe tette és elhallgatott.

Hallgatott az apróság is. Nem volt szabad énekelni.

[1] From *marok*.

A nagyobb gyerekek mogorván kuporodtak le a székre, a kisebbeket csitítgatva, hogy nem szabad énekelni; a nagy úr oda fenn meghallja.

Maga János mester hallgatva járt fel s alá a szobában, s gorombán kergette el magától azt a kis porontyot, aki feleségének kedvence volt, mikor odament hozzá, s arra kérte, hogy tanítsa meg őt újra a szép énekre, mert már elfelejtette.

— Nem szabad énekelni.

Azután leült duzzogva a tőkéhez, elkezdett buzgón szabdalni; addig faragott, addig szabdalt, míg egyszer azon vette észre magát, hogy maga is el kezd dudolni: „Krisztus urunknak áldott születésén."

Először a szájára ütött, hanem azután megharagudott, nagyot ütött a mustával a tőkére, kirugta maga alól a széket; kinyitotta a ládát, kivette az ezer forintost, s futott fel az emeletre a nagyságos úrhoz.

— Nagyságos jó uram! instálom alássan, vegye vissza a pénzt, hadd ne legyen enyém, hadd énekeljek én, mikor nekem tetszik; mert az több ezer forintnál.

Azzal letette az asztalra a bankót s nyargalt vissza az övéihez, sorba csókolta valamennyit, sorba állítá orgonasíp gyanánt, közéjük ült alacsony székére, s rákezdék tiszta szívből újra:

„Krisztus urunknak áldott születésén."

S olyan-olyan jó kedvük volt, mintha övék volna az a nagy ház.

Akié pedig volt az a nagy ház, nagy[1] egyedül járt kilenc szobáján keresztül, s gondolkozott magában, hogy vajjon mi örülnivalót talál más ember ebben a nagy unalmas világban.

(1858)

[1] I.e. *nagyon*.

József Lévay
(1825-1918)

Mikes[1]

Egyedül hallgatom tenger mormolását,
Tenger habja felett futó szél zúgását,
Egyedül, egyedül
A bújdosók közül,
Nagy Törökországban;
Hacsak itt nem lebeg sírjában nyugovó
Rákóczi nagy lelke, az eget csapkodó
Tenger haragjában!

Peregnek a fákról az őszi levelek,
Kit erre, kit arra kergetnek a szelek,
S más vidékre száll a
Csevegő madárka
Nagy Törökországból:
Hát én merre menjek, hát én merre szálljak,
Melyik szögletébe a széles világnak,
Idegen hazámból?

Zágon[2] felé mutat egy halovány csillag,
Hol a bércek fején hókorona csillog,
S a bércek aljában

[1] Kelemen Mikes (1690–1761) was the last survivor of the exiles who went with Prince Ferenc Rákóczi II to Rodosto on the Sea of Marmara. He wrote a series of 207 remarkable letters from 1717 to 1758; they were discovered after his death. This poem was originally sub-titled 'Rodostó, 1758'.

[2] Mikes's birthplace. See also S. Márai, *Csillag*, p. 182.

Tavaszi pompában
Virágok feselnek[1] . . .
Erdély felé mutat, hol minden virágon
Tarka pillangóként első ifjúságom
Emléki repkednek!

Ah! mért nem szállhatok hozzád, szülőföldem,
Mikor minden bokrod régi ismerősem!
Mért vagy szolgaságban,
Gyászos rabigában,
Oly hosszú időkig!?
Ha feléd indulok, lelkem visszatartja
Az édes szabadság bűvös-bájos karja,
Vissza mind a sírig!

Itt eszem kenyerét a török császárnak,
Ablakomra titkos poroszlók nem járnak
Éjjeli setétben
Hallgatni beszédem
Beárulás végett . . .
Magános fa vagyok, melyre villám szakad,
Melyet vihar tördel, de legalább szabad
Levegővel élhet!

S egyedül hallgatom tenger mormolását,
Tenger habja felett futó szél zúgását,
Egyedül, egyedül
A bújdosók közül,
Nagy Törökországban.
Körülöttem lebeg sírjában nyugovó
Rákóczi nagy lelke, az eget csapkodó
Tenger haragjában.

(1848)

[1] 'Open.'

János Vajda
(1827-1897)

A vaáli erdőben[1]

Odabenn a mély vadonban,
A csalános iharosban,[2]
Félreeső völgy ölében,
Sűrű árnyak enyhelyében;[3]
Illatos hegy oldalában,
A tavaszi napsugárban,
Nézni illanó felhőkbe,
Mult időkbe, jövendőkbe...

Oh milyen jó volna ottan,
Abban a kis házikóban,
Élni, éldegélni szépen,
Békességben, csöndességben!...

Nem törődni a világgal,
A világ ezer bajával.
Meggondolni háborítlan,
Ami immár közelebb van...

És azután, utóvégre,
Észrevétlenül, megérve,
Lehullani önmagától
A kiszáradt életfáról...

S ismeretlen sírgödörbe'
Elalunni[4] mindörökre...
S ott egyebet mit se tenni,
Csak pihenni, csak pihenni...

(1875)

[1] Transdanubia, between Budapest and Székesfehérvár.
[2] I.e. *juharfaerdőben.*
[3] 'Refuge.'
[4] =*elaludni.*

Húsz év mulva[1]

Mint a Montblanc csucsán a jég,
Minek nem árt se nap, se szél,
Csöndes szivem, többé nem ég;
Nem bántja újabb szenvedély.

Körültem csillagmiriád
Versenyt kacérkodik, ragyog,
Fejemre szórja sugarát;
Azért még föl nem olvadok.

De néha csöndes éjszakán
Elálmodozva, egyedül —
Mult ifjuság tündér taván
Hattyúi képed fölmerül.

És ekkor még szivem kigyúl,
Mint hosszu téli éjjelen
Montblanc örök hava, ha túl
A fölkelő nap megjelen . . .

(1876)

Nádas tavon

Fönn az égen ragyogó nap.
Csillanó tükrén a tónak
Mint az árnyék, leng a
csónak.

Mint az árnyék, olyan
halkan,
Észrevétlen, mondhatatlan
Andalító hangulatban.

[1] To 'Gina', the poet's former love.

A vad alszik a berekben.
Fegyveremmel az ölemben
Ringatózom önfeledten.

Nézem ezt a szép világot.
Mennyi bűbáj, mily
talányok
Mind, amit körültem látok.

Nap alattam, nap fölöttem,
Aranyos, tüzes felhőben,
Lenn a fénylő víztükörben.

Itt az ég a földet éri.
Tán szerelme csókját kéri . . .
Minden oly csodás,
tündéri.

Mi megyünk-e, vagy a felhő,
Vagy a lenge déli szellő,
A szelíden rám lehellő?

Gondolatom messze téved
Kek ürén a semmiségnek.
Földi élet, hol a réved?

Szélei nádligeteknek
Tünedeznek, megjelennek.
Képe a forgó jelennek . . .

Most a nap megáll az égen,
Dicsőség fényözönében,
Csöndessége fönségében.

S minden olyan mozdulat-
lan . . .
Mult, jövendő tán együtt
van
Ebben az egy pillanatban?

A levegő meg se lebben,
Minden alszik . . . és a lel-
kem
Ring egy méla sejtelemben:

Hátha minden e világon,
Földi életem, halálom
Csak mese, csalódás, álom? . . .

(1888)

Kálmán Mikszáth
(1847-1910)

A hályog-kovács[1]

(Egy kis életkép)

Tisztelt uram! Ön azzal a kivánsággal küldi nekem „Az elbeszélés elmélete" című művét, hogy olvassam el s írjak hozzá előszót.

Az ön levele igen kedves és lekötelező, de én még sem tehetek annak eleget. Isten mentsen meg engem attól, hogy az ön könyvét valaha elolvassam. Ha rossz, azért nem, mert valami rosszat tanulnék belőle, ha pedig jó, — no, az volna még csak rám nézve a nagy veszedelem.

Természetes, hogy én most önnek indokolással tartozom. (Nem tudom, nem lehetne-e használni előszónak is?) Ott kezdem pedig, hogy lakott az én gyermekkoromban a mi vidékünkön egy Strázsa János nevű kovácsmester, kinek a keze olyan könnyű volt mint a hab, úgy, hogy a legcsodálatosabb szemoperációkat tudta végezni olyan ügyesen, hogy a híre elszárnyalt egész Kassáig — Pestig. Különösen a zöld hályogot[2] tudta megoperálni, melyet pedig az akkor híres Lippay sem tudott.

Ez a bizonyos Lippay Gáspár, a pesti egyetem professzora és szemdoktora, egyszer a bécsi kollégákkal diskurálván, a „Stadt Frankfurt" söröcskéje mellett fölemlíté a híres kovácsot.

[1] Az itt közzétett levelet egy fiatal erdélyi tanárhoz írtam, ki ívekben küldte nekem aesthetikai dolgozatát. M.K.

[2] 'Glaucoma.'

A sógorék, Artl, Stellwag, Jäger, tamások voltak a dologban.

— Ami nem lehet, nem lehet. Bolond beszéd! Hogy tudna egy kovács, aki nehéz kalapáccsal veri napestig a pörölyt, olyan finom műtétet végezni, aminőt mi se tudunk.

Lippay a vállát vonogatta:

— Már pedig annak úgy kell lenni. Én ugyan nem láttam, de olyanok már láttak engem, akiket én ebben a bajban, mint teljesen vakokat és gyógyíthatatlanokat elbocsátottam és ő megoperálta.

... Kár, hogy nem tudom a bajnak a latin nevét, mert ha az ember orvosi dolgokról ír, szükséges, hogy valami olyat is vegyítsen közzé, amit senki sem ért, hát nem tudom elprodukálni most a disputájukat sem, de a végén azt mondták Lippaynak:

— Tudja mit, kolléga, hozassa föl egyszer azt a kovácsot az egyetemre és akkor mi leutazunk Pestre, megnézzük, hogy operál.

No, az bizony szép lesz. Lippay kezet adott rá s egy alkalommal, mikor ilyen betege érkezett, egy kecskeméti szabómester, ott tartotta a klinikán s menten levelet küldött Strázsa János uramnak s abban útiköltségül tíz pengő forintokat, hogy haladéktalanul jöjjön fel egy hályogot levenni — s ugyancsak értesíté a bécsi doktorokat is.

Nagy híre volt, öreg emberek emlékeznek rá. Strázsa János uram hagyta a lópatkolást a legényére, felölté az újdonatúj mándliját,[1] kiélesíté a vágó-nyeső szerszámait a kis köszörűkövön, még pofon is vágta a kovácsinast, aki a köszörűkövet forgatta, mert elbámészkodott valahová, aztán fölült egy ökrös szekérre, mely a Zichy-uradalomból gyapjút szállított Vácra, hova megérkezvén, másnap este-

[1] 'Coat' (Ger. *Mantel*).

felé, minthogy a „füstösre"[1] nem mert ülni, gyalogosan indult el Pestre, egész éjszaka bandukolván; reggel öreg fölöstököm[2] idejére vergődött el az újvilág-utcai egyetemre.

Jó szerencse, éppen ott találta tekintetes Lippay professzor urat a laboratoriumában s be is nyitott hozzá illendően.

— Dícsértessék a Jézus Krisztus! Eljöttem.

— Mindörökké! Csak talán nem maga a Strázsa?

— De istenugyse'[3] az vagyok.

Apró, tömzsi, virgonc emberke állt előtte, olyan szemekkel, mint a gyík.

— Hát mikor jött?

— Ebben a pillanatban.

— De hiszen nem jött most vonat.

— Mert hát gyalog jöttem — felelte Strázsa uram.

— Gyalog és éjjel?

— Persze, hogy persze.

— Így már most mihez akar fogni? — kérdi a tudós doktor lehangoltan.

— Nohát, leveszem azt a hályogot, akiért hivatni tetszett.

— És gondolja-e, hogy elég nyugodt lesz a keze?

Strázsa uram csodálkozva nézett a professzorra:

— Iszen[4] nem eleven állat, hogy nyugtalankodjék.

— De azt állítja, hogy egész éjjel jött, hát nem aludt és fáradt lehet.

A kovács mosolygott.

— Hiszen nem a kezemen jöttem. Rég volt az már, tekintetes uram, mikor még én a kezemen jártam karonülő koromban.

— No, én nem bánom, de előre is jelezhetem, hogy

[1] I.e. 'train'.
[2] Obsolete: 'breakfast'.
[3] 'To be sure.'
[4] =*hiszen*.

tudós bécsi doktorok fogják nézni az operációját és igen restelném, ha szégyent vallana kigyelmed.[1]

Biztatta a kovács, hogy kicsi dolog, nem érdemes róla beszélni, mire Lippay átküldött a szomszédos „Arany Sas"-ba, ahol a bécsi urak szállva voltak, kik is átjövén, bevezeté őket Strázsa urammal a műtő-terembe, ahol már várt rájok a szemfájós „kecske",[2] nagy, robusztus ember, mintha csak maga a bibliai Sámson volna.

(Bohóság, bohóság — gondolta magában Strázsa János — hát van józan gondviselés a világ fölött, ha az ilyen embert nem kovácsnak dirigálja inkább, mint szabónak.)

— Hát nézze, Strázsa barátom, ez a maga betege, — mondá Lippay.

A kovács csak a hónaaljáig ért a Góliátnak; talán el se látott a szeméig. Leültette előbb és figyelemmel nézte meg a balszemét. A szembogár területén gyöngyházfényű csillogással terült el egy küllős repedezésű hályog.

— Ez bizony esteledik, — dörmögte és a jobb szemére vetett ügyet.

A jobb szeme volt a rosszabb szeme, itt már túlérett volt a hályog.

A bécsi doktorok szintén megvizsgálták a pápaszemeiken át.

— Nehéz operáció, — szólt Artl, a beteg jobb szemét értve. — Oly praecizitást igényel, hogy emberi kéz már szinte képtelen rá.

Strázsa uram pedig ezalatt levetette a mándliját s különböző bicskákat kezdett kiszedegetni a csizmaszárból, meg visszarakosgatni, míg végre kiválasztott egyet és megfente a nadrágszíja lefityegő részén.

— Az isten szerelméért! — kiáltá ijedten Lippay — Csak nem ezzel a békanyúzó bicsakkal akarja operálni?

[1] =*kegyelmed.*
[2] Referring to his native town.

A kovács csak a szemöldökével intett, hogy igenis azzal.

Lippay az asztalon heverő szerszámok közül hirtelen kiválasztott egy Graefe-féle kést s a markába nyomta.

— Nem, — mondá fitymálva Strázsa uram — ezzel nem lehet.

Ellökte a Graefe-kést és a magáéval lépett a szepegő szabóhoz, mire egyet csillant a kés pengéje, s mintha csak almát hámozna, játszi könnyedséggel siklott el a szemgolyón; egy pillanat, egy villanás, és íme, lent volt a hályog.

— Ördöngös fickó! — szisszent föl csodálkozva Artl.

Strázsa uram megtörülgette a kését az ingújjával.

— No, — szólt megelégedetten — az egyik ablak most már ki van nyitva.

A németek lelkesedve nyúltak a kérges, bütykös tenyere után, hogy megszorongassák, csak Lippay professzor fortyant föl hangosan.

— Hallja, Strázsa, maga mégis rettenetes vakmerő ember! Tudja-e, mivel játszik? Tudja-e, hol vagdalt, mit vagdalt? Tudja-e, milyen felelősséget vállal Isten és emberek előtt? Tudja-e, mi az a szemhártya,[1] érhártya,[2] ideghártya, könytömlő[3] és a többi? Melyik ideg honnan és hova szalad? Tudja-e, mi az afakia, a glaukoma és mi a morgagniana? Úgy-e nem tudja?

— Minek tudnám, kérem alássan?[4]

— Hát azt tudja-e, hogy ha csak egy gondolattal vág odább jobbra vagy balra, a másik szemnek is kioltja a világát?

Strázsa uram figyelni kezdett.

— Ami pedig a hályogot illeti, amit most eltávolított, —

[1] 'Retina.'
[2] 'Uvea.'
[3] 'Lachrymal sac.'
[4] = *alázatosan.*

folytatá a professzor, — tudja-e, hogy az csak kétezer esetben sikerül egyszer, a statisztika szerint?

— Ugyan? — szólt közbe a kovács elgondolkozva.

— Mert vagy töpörödik a szem lencséje és operálás közben könnyen elszakad a függesztője s üvegtest ömlik a sebbe, vagy pedig elhigul a kérge s a magja könnyen kificamodik, sőt elmerülhet az üvegtestben.

— No no, — neszelt rá Strázsa uram és verejték gyöngyözött a homlokáról.

— Jöjjön csak közelebb, — inté oda a professzor úr neki melegedve, — megmagyarázom a patiens eleven szemén, hogyan függnek össze ezek a kis finom erecskék és az idegek a másik szemmel.

Kedvvel magyarázta a szem csodálatos országát, mint egy mappát a folyamaival, ereivel. Strázsa uram nézte, egyre nézte, hogy szinte kidülledtek a szemei és hallgatta, mialatt minden hajszála égnek meredt, míg egyszer csak elkeseredve ütött rá a csizma szárára, csüggedten mormogva maga elé:

— Most kutya már kend, Strázsa János.

Úgy érezte, mintha leesett volna valami magaslatról, toronyból, vagy miből és mintha nem is ő volna az már, hanem csak az a hazajáró lelke. Mikor pedig a magyarázat után fölkérte a professzor, hogy operálná meg a szabó másik szemét (az már könnyű dolog volt), szabódott, húzódott, csak nagy unszolásra fogta meg a kést, de az — uram teremtőm, mi dolog érhette? — reszketni kezdett a kezében. A beteghez hajolt, de a feje szédült, elsápadt, mint a fal s a karja lankadtan esett alá.

— Jaj, tekintetes uram, — nyöszörgé — nem látom, nem tudom . . . nem merem többé.

Azontúl, hogy megtudta, milyen komplikált külön világ a szem s mennyi veszély származhatik kezének parányi rezzenéséből, vérének sebesebb lüktetéséből, késének egy gondolatnyi elsiklásából soha többé nem mert hályogot operálni, sőt még egy árpa[1] kigyógyításába sem bocsátkozott.

. . . Ez lenne nekem is a sorsom, tisztelt uram. Ha én az ön könyvéből megtudnám, mi mindent kíván a tudomány egy irodalmi műben, sohase mernék többé elbeszélést írni.

Maradtam egyébiránt stb.

(1906)

[1] 'Sty.'

Géza Gárdonyi
(1863-1922)

Az ostrom

És másnap szeptember 16-án[1] a nap az ágyúk dörgésére, bömbölésére emelkedett elő a hegyek mögül.

A föld rengett. Az ágyútelepekről a füst barna föllegekben szállt az égi felhők közé, s már az első órában eltakarta a napot, s az égnek kék tengerét.

A bástyák és a falak duhogtak,[2] ropogtak. A belső várban vegyesen csapkodott a nehéz és apró golyó. Hullt a tüzes nyíl, és a tüzes labda. Mindenfelé zuhant és hentergett az ágyúgolyó. Ember és állat élete nem volt többé biztonságban.

De ezt a veszedelmet is készen várták a várbeliek. Dobó[3] már éjjel felkürtöltette a katonaságot. Egy részök a palánkot magasította azokban az irányokban, ahonnan várták másnapra a golyóhullást. S különösen a Hécey prépost házának irányában. Más részökkel előhordatta az ostrom előtti vagy vágatásból maradt állatbőröket, s vizes kádakba hordatta.

Ismét mások gerendákat, hordókat és földdel megtöltött zsákokat hordtak a külső várba, a tömlöcbástyához és a kapuhoz, hogy a törésnél minden tömő-szer idején készen legyen.

Amennyi üres csöbör s fazék volt a várban, azt mind

[1] 1552; Gárdonyi describes the siege of Eger.
[2] = *dohogtak*.
[3] István Dobó, commandant of the fortress.

meg kellett tölteni vízzel. A földszinti és földalatti helyiségekből minden fölöslegest kihordtak, s ágyakat raktak be. A répa, tök, káposzta, só, — minden olyan, aminek a golyó nem ártott, felülre került s a helyét a dolgozó és pihenő ember foglalta el.

A lovakat, teheneket beljebb való földalatti nagy termekbe kötötték be.

A házak északi és keleti oldalát behányták földdel. Ahol piacra hullt a golyó, oda árkot ástak és földhányást emeltek eléje. A golyók belehuppantak a földhányásba.

A várban már nem volt más éghető, csak a békebeli baromistálló teteje, meg az istálló előtt egy kazal széna, egy kis kazal búza, meg egy boglya alomnak való szalma. Dobó lehányatta az istálló tetejét is. A két kazalt betakarta vizes tehénbőrökkel, a szalmára is jutott bőr bőven.

Ami még gyulékony valami volt, mint a házak padlása, meg az ostromállások, azok oltására széthordatta a vizes bőröket.

Az ágyúk megdördülése ebben a munkában találta meg a várat. Az első félmázsás golyó a konyhán ütött be, s összetört egy csomó edényt.

Az asszonyok éppen akkor raktak tüzet, s készítették a lisztet, a zsírt, a szalonnát, hogy a katonáknak főzzenek.

A nagy golyó beütésére megrettentek. Egymás hegyén-hátán rohantak ki a konyhából — aki nem fért az ajtón, mászott az ablakon.

A golyó pedig ott irgett-forgott tovább egy halom tört edény, fatál és zúzott cserép között.

Mekcsey az istállóból látta a beütést. Odafutott.

— Mi az? — dördült rájok a kezét széttárva, hogy feltartóztassa őket.

— Becsapott a golyó.

— Vissza! Vissza! Gyöjjenek[1] utánam!

[1] =*jöjjenek.*

S besiet a konyhába. Kap egy dézsát a két fülénél. Önti a golyóra.

— No — mondja a golyót a sarokba rúgva, — főzzenek tovább. A golyó balról ütött be, hát a konyha bal felében dolgozzanak. A másik oldalról szedjenek át minden edényt, és senki azon a részen ne járjon, itt a konyha balfelén nincs veszedelem.

— Jaj, kapitány uram — sápítozott egy ráncos homlokú asszony, — a tyúkom az éjjel kukorékolt. Itt a vég.

— Kakas volt az — legyintett Mekcsey.

— Debizony tyúk volt, kapitány uram.

— No ha tyúk volt, hát délre azt főzzék meg nekem, akkor majd nem kukorékol!

Az asszonyok még néhány percig hányták magukra a keresztet. De aztán mikor a második golyó szakadt át a tetőn, maguk öntötték le vízzel és gurították a másik mellé.

— Phű, de büdös!

S dolgoztak tovább.

No a golyózáportól a vár népe mégiscsak megzavarodott. Addig csak egy helyen duhogott az ágyú s ha a golyó be is csapott olykor, tudták már, hogy azokat a falakat kerüljék, amelyekre csak a reggeli nap süt, és azokat a falakat, melyekre sose süt a nap. Azonban hogy már mindenfelől görgött,[1] süvöltött, csattogott, pattogott, ugrált a golyó, s nagyságra a görögdinnye és dió között váltakozott, nem tudták, hol vannak biztonságban.

Bezzeg lett kelete[2] minden rossz sisaknak, minden páncélnak. Eddig csak a cigány viselte a sisakot és mellvértet, ha mezítláb volt is, most azonban, hogy a golyó mindenfelé pattogott, kopogott, s a borbélyoknak mingyárt az első órában tíz sebesültet kellett varrniok és tim-

[1] From *görögni*.

[2] 'There was a ready market for.'

sózniok, mindenki a fegyverrakásokhoz sietett, hogy mentől vastagabb vasruhát ölthessen magára.

A két kapitány meg a hat főhadnagy az első negyedórában a vár minden részét bejárta.

— Ne féljetek! — mennydörgött Dobó.

S a hadnagyok szava visszhangként kiáltozta mindenfelé:

— Ne féljetek! A golyóesés nem váltakozik, ahova egyszer golyó hullt, ott ne járjatok!

De ők maguk csak jártak mindenfelé.

És csakugyan nem telt belé egy óra, maguk a golyók mutatták meg, hogy mely épületek, mely falak a veszedelmesek. A golyók leverték a vakolatot, s ahol homokkő volt az épület, annyi golyó állott bele, hogy a fal feketélt tőle.

Viszont voltak olyan falak, hogy sértetlenül, fehéren maradtak. Ha az olyan helyre esett is a golyó, csak úgy esett, hogy a másik falról pattant oda.

Minden olyan fal védőfal volt egyúttal, ahol a mesteremberek dolgozhattak; a katonák pihenhettek.

Nem sok fal volt olyan a várban, az is igaz.

(*Egri csillagok*, 1901)

Szabó Jancsi

Az én apám talán az első cséplőgéppel vált gépésszé. Ma már mindenütt műveletlen embereket látok a cséplőgépek mellett. Az én apám azonban úr volt. Sohasem járt kék vászonruhában, hanem igenis kesztyűsen, még munkában is. A daróci Péchy gróf — mikor ott csépelt — mindennap meghívta az asztalához: a családdal ebédelt, s úgy bántak vele, mint úrral szokás.

Sályban se láttak azelőtt cséplőgépet. Mikor az apám először indította meg, csapatosan állták körül, és bámulták a falubeliek.

Másnap beállít apámhoz a falu egyik, talán első legénye, Szabó Jancsi, s azt mondja:

— Vegyen magához engem, gépész uram, szeretném kitanulni ezt a mesterséget.

— Nem parasztnak való ez, fiam, — mondotta az apám.

De a legény másnap, harmadnap megint ott könyörgött. Végre is fölfogadta az apám fűtőnek.

Szép nyulánk fiú volt, tizennyolcéves és erős. A bajusza akkor kezdett hegybe szállni.

Ez a fiú csodálatos módon élt-halt a masináért. Három esztendeig hű árnyéka volt az apámnak, s még azután is, hogy Sályból elmentünk, fölkeresett bennünket, és szolgált nálunk, ameddig szolgálhatott.

Máig is előttem van kitérdesedett szürke magyar ruhájában, magassarkú csizmájában, örökösen fütyürészésre csucsorított szájával, könnyű mozgásával. De nem lett belőle gépész. Csak a kész géppel való bánást tanulta meg, őt azonban ez is kielégítette. Boldog volt, ha a gőzsípot megszólaltathatta. Nyári hajnalokban tíz percig is üvöltözött vele.

(*Gyermekkori emlékeim*, 1903)

Ferenc Herczeg
(1863-1954)

A békák

A szép beteg asszony ott állott az angol fogadó erkélyének csíkos ponyvája alatt és komor arccal bámult a parton elnyúló keskeny sétányra. Férje a hintaszékben ült és szórakozottan figyelt a szemhatáron sötétülő füstvonalra, amelyet a Génuába siető gőzös hagyott maga után. A Zirió-nyaraló felől víg zene hallatszott. A katonazene játszott a park előtt az előkelő vendégek tiszteletére. Éppen az *O je Pierrette*-t fújták.

— Oh, ha én férfi volnék, — mondta Olga asszony minden bevezetés nélkül — arcul ütném azt az angol lordot.

A sétány egyik padján egy fehérsisakos angol ült, újsággal a kezében.

— De, Olga, hogy mondhat már olyat? — méltatlankodott a férj.

— Nem is lord, hanem valami colchesteri szabómester, — vetette oda Olga fitymálva. — A pincérek tették meg lordnak . . . Valahol azt olvasta, hogy egy angol gentlemannek a Timest kell olvasnia és hidegvérűnek kell lennie . . . A szatócs!

A férj aggódva tekintett a nejére.

— Megint ideges, — mi bántja?

— Bánt minden, amit látok. Torkig vagyok ezzel az országgal. Örökké kék ég, émelyítő langyos levegő, citromszag és O je Pierrette, — micsoda limonádés világ ez!

Mindenütt citrom és pálma . . . Szeretnék egy tisztességes akácfát vagy szilvafát látni . . . Ha hazaérünk, kidobatok minden pálmát a házból . . .

— De a tenger. Nézze a tengert, — fölséges!

— Hagyjon békével a tengerével! Ez is tenger? Még becsületesen apadni-dagadni sem tud . . . Különb a mi Dunánk . . . Aztán ezek az emberek! Nézze, amott jön a talián fregettakapitány.

— Legalább fogadná a köszöntését . . .

— Adj Isten, — vén svihák!

— De Olga, mi jut eszébe?

Az asszony idegesen nevetett.

— Mit akar? Úgysem érti meg. Látja, milyen boldogan vigyorog . . . Vén szamár! Ebben a hőségben nyakig arany egyenruhában jár . . . A haját meg fölsüti, mint egy borbélylegény, a bajuszát meg festi. Reggel Stüssi-vadászruhát vesz magára és fölmegy a borostyánfákhoz csalogányokat meg pacsirtákat lőni . . Megmondtam neki, hogy a mi gavallérjaink is mennek vadászni, a Retyezátra, medvékre . . .

— De hiszen vannak itt más emberek is?

— Igen. Akinek a becsületrend szalagja van a gomblyukában, az mind hamiskártyás.

—Honnan tudja?

— A francia szobalányom mondta. Az mindent tud. Látja, ott megy a muszka herceg, fehér cilindere van a parasztnak.

— Az meg mivel bántotta meg?

— A muszka hercegek a világ legundokabb fajtája. Mindig ölelgetik a szobalányomat . . .

A férj kedvetlenül dobta el a cigarettáját.

— Minő megfigyelései vannak? Olga, maga kissé neveletlen . . .

Olga a férje felé fordította arcát, szemei könnyesek

voltak. A férj megütközve fogta meg a kezét.

— Mi baja, kedves? Rosszul érzi magát?

Az asszonyból kifakadt a viszzafojtott keserűség; idegesen zokogni kezdett.

— Menjünk haza! Haza! — fuldokolta.

A férj bevezette a szobába, ott leültette és gyöngéden símogatta fehér kezét. Kissé meg volt indulva.

— Lássa, — mondta Olga csöndesen zokogva — most már elmult a tél, a tavasz is elmult és mi még egyre itt vagyunk ebben a rút, idegen országban. Pedig jó volna most otthon lenni a Bánságban . . . A kertünk már nagyon szép lehet, — most virítanak a gesztenyék, a barackfák és a vadszilva . . . Pedig nem is vagyok beteg, csak kissé rekedt a hangom. Hanem, ha sokáig itt tart, komolyan megbetegszem. Meglássa, nemsokára ismét megered a hegyekről a szél, az az irtóztató meszes szél . . .

Az asszony hízelegve fonta karját férje nyaka köré.

— Úgy-e, hazamegyünk?

— Ha éppen akarod . . . Majd beszélek a doktorral.

— Ne beszélj vele, mert szélhámos. Nyáron át Berlinben köhög, télen meg itt köhög. Azért van itt, mert már csak fél tüdeje van. Ő akar engem gyógyítani? Pedig én nem is vagyok beteg, már a hangom is javult. Énekelni is tudok . . .

Trillázni próbált, a szegény hangja úgy csengett, mint egy megrepedt ezüst csengetyű. A férj arca elkomorodott.

— Jól van, ha akarod, menjünk haza.

Útrakeltek. Az orvos mondta, hogy utazzanak lassan, tartsanak nagy pihenőket. A férj mindenféle csellel iparkodott nejét egyik-másik városban visszatartani, az asszony azonban lázas türelmetlenséggel sürgette az utazást, mint egy elkényeztetett gyermek.

— Génua! Gyűlölöm ezt a várost, — olyan, mint egy óriás állat csontváza, amely itt korhad a tengerparton. Ez a kátrányszag elfojtja a lélekzetemet. Menjünk innen!

Elértek Milánóba. Az asszony kijelentette, hogy nem akar látni semmit, legkevésbbé pedig a dómot.

— Micsoda templom az, ahová nem imádkozni járnak az emberek, hanem bámészkodni? Pedig nincs is rajta mit bámulni; olyan, mintha fehér papírosból vágták volna ki ollóval . . . Menjünk inkább Velencébe!

Velencében a lagunák halszaga bántotta. A halálos csönd elszomorította, megfélemlítette.

— Mit keresünk itt? Ha naplopókat és galambokat akarunk látni, nem kell a Márk-térre mennünk, ha kofákat akarunk látni, nem kell a Rialtóra mennünk. Akad abból másutt is. Mit keresünk itt?

Megérkeztek Bécsbe. Olga bezárkozott a vendéglő szobájába, ki sem akart menni az utcára.

— Nem szeretem a bécsieket. A fiakkeresek itt olyanok, mint másutt az urak, az urak pedig úgy viselkednek, mint másutt a fiakkeresek. Ettől az örökös lármától meg bizton szívdobogást kapok . . .

Estére megérkeztek Budapestre. Korán reggel az asszony már útrakészen, kalaposan, kesztyűsen lépett a férje elé.

— Siessen, a vonat egy óra mulva indul . . .

A férj most már nem ellenkezett, az asszony türelmetlensége reá is átragadt, maga is hazakívánkozott.

A gyorsvonat zakatolva vágtatott végig az Alföldön.

Az asszony az ülés sarkába szorulva, egész napon át szunnyadt, egy-egy állomáson fölriadt a jelzőharang kongására, ilyenkor sápadt mosollyal tekintett férje fürkésző szemébe.

Mikor alkonyodni kezdett, már a bánáti róna méhébe értek.

Piszkos pályaházak, amelyek előtt otromba darócos rác parasztok bámultak a vonatra; szegényes falvak, hajszraálló,[1] nádfedelű viskókkal; a vasúti töltésre kanyargó hepehupás országutakon rozzant szekerek, amelyek elé sovány, elgyötört lovakat fogtak; a zsombékos réteken hosszú sávokban, táblás pocsolyákban rothad a talajvíz . . .

A férj az elbűvölően szép, a királyi Rivierára gondolt s úgy találta, hogy a gondviselés mostohán bánt az ő szegény hazájával.

Valami kisebb állomásra értek. Teljesen beesteledett, az ablakokat halkan permetező, tavaszi eső kezdte verdesni. A közeli nádasokban ezer meg ezer béka brekegett és kuruttyolt, a hangok mérföldnyire hallható, mélabús búgássá tömörültek össze.

Az asszony egyszerre fölrezzent álmodozásából, zavartan nézett körül, aztán az ablakon át beszűrődő hangzavarra kezdett figyelni. Arcán lassanként valami verőfényes mosoly mutatkozott, szemébe édes könnycseppek szivárogtak, megindultan, lágy hangon fordult férjéhez:

— Itthon vagyunk! Hallod? A békák!

(1892)

[1] 'Higgledy-piggledy.'

Jenő Heltai
(born 1871)

Berlitz-School

Édes Ilonkám!

Igaz. Igen, igaz.

Nem tudom, azt írjam-e: sajnos, igaz, vagy inkább azt: hála Istennek, igaz. Fontos csak az, hogy igaz. Válunk.[1] Úgy-e sohasem hitted volna? Én sem. Mindennek oka pedig az angol nyelv, meg a Berlitz-School; ami ugyan furcsán hangzik, de ha meghallod az esetet, megértesz mindent.

Két évvel ezelőtt kezdődött. Egy szép napon az uram azzal állított be hozzám, hogy megtanul angolul. Azt mondta:

— Mégis csak szégyen, hogy semmiféle idegen nyelven nem beszélek. Vétek volt, hogy már eddig is nem tanultam, de szerencsére nem késő még. Azt mondják, az angol nagyon könnyű. Megtanulok angolul.

— Sokszor mondtad már, Kálmán, de sohasem láttál hozzá komolyan. Nincs türelmed, kitartásod . . .

Kálmán nevetett:

— Tudom. Azért iratkoztam be a Berlitz-Schoolba. Ott nem mókáznak az emberrel, ott nem lehet az órákat elsikkasztani, ott tanulni kell. Hetenkint háromszor. Egy év mulva úgy beszélek angolul, mint Chamberlain . . .

Másnap, Kálmán angol nyelvtannal jött haza és azontúl hetenkint háromszor, délután hattól nyolcig angolul tanult

[1] I.e. *elválunk.*

a Berlitz-Schoolban. Fájdalom, én nem tudok angolul, ennélfogva nem tudtam ellenőrizni, milyen hamar menynyit tanult. Annyi bizonyos, hogy négy hónap mulva Kálmán a „Times"-t kérte már a kávéházban és nagy figyelemmel mélyedt híreibe.

Mit tagadjam, büszke voltam arra, hogy az uram ilyen tehetséges. Nemsokára kifogástalanul beszél majd angolul. Én, édes Ilonkám, egyszerű asszony vagyok, nekem pokolian imponál, ha valaki többet tud, mint én. Még akkor is imponál, ha ez a valaki véletlenül az uram. Elannyira, hogy akárhányszor jómagam figyelmeztettem az uramat (hangosan, hogy mások is hallják):

— Kálmán, olvastad már a Times-t?

Kálmán csakugyan rendkívül szorgalmasan tanult. A világért sem mulasztott el egy órát is. A Berlitz-Schoolból mindig olyan fáradtan jött haza, hogy megesett rajta a szívem. Többször is megkérdeztem tőle:

— Nem árt neked ez a sok tanulás?

Kálmán nevetett:

— Ne törődj vele, fiam. Akkora gyönyörűségem telik ebben az angolban, hogy az a kis kínlódás szóra sem érdemes . . .

Megnyugodva és boldogan néztem, hogyan halad az uram. Mert haladt, rettenetesen haladt. Egy hónappal azután, hogy először vette kezébe a Times-t, angol regényt hozott haza. Orrom alá tartotta és diadalmasan mondta:

— Látod? Ezt fogom most olvasni.

— De jó neked! — sóhajtottam föl. — Elolvasol most sok-sok szép könyvet, amiről nekem fogalmam sincs. Sohasem is ismerkedhetek meg velük . . .

Sóhajom olyan őszinte volt, hogy meghatotta az uramat. Gyöngéden és kissé gőgösen mondta:

— Kedves kis műveletlen csacsim, ne búsulj. Én elolvasom, azután elmondom neked, mi van benne. Jó lesz?

Tapsoltam örömömben. Végre nekem is van valami haszon az angol nyelvből. A hosszú téli estéken, vacsora után ájtatosan hallgattam, mialatt az uram bámulatos türelemmel fordítgatta számomra a regényeket, a szerelmes jeleneteket meg a gyilkosságokat egész terjedelmükben. Lélekemelő, nemes élvezet volt, hálás voltam érte.

Emlékszem, hogy az első könyv, amelyet együtt olvastunk, Dickensnek „A vörös ház titka" című regénye volt. Nem tudom, ismered-e? Borzalmas történet ez, egy asszonyról szól, aki folyton csalja az urát, mindaddig, amíg az ura megmérgezi, azután pedig, hogy bűnének a nyomait eltüntesse, az asszony holttestét a robogó vonat elé fekteti a sínekre. Ma is borzadok még, ha erre a rémes történetre gondolok. Meg is mondtam akkor az uramnak, hogy lehetőleg vidámabb könyveket olvasson. Erre elhozta Edgar Poe humoros, sőt egy kicsit pikáns novelláit. Ezek igazán mulatságos történetek voltak, sokat nevettünk rajtuk, noha olyan is volt közöttük, amelyet adomakorából régóta ismertem már.

Azzal untassalak, hogy összes olvasmányainkkal megismertesselek? Kétségtelen, hogy az uram révén másfél év alatt megismerkedtem a modern angol irodalom minden kiváló termékével. Ha a mama zsúrjain[1] az angol írókról beszéltem, mindenki tisztelettel hallgatott. Barátnőim majd megpukkadtak az irígységtől. Egyetlenegyszer történt, hogy amikor Dickensnek „A vörös ház titka" című regényét szóba hoztam, egy fiatalember félénken azt kérdezte:

— Nem téved, nagyságos asszonyom?

— Miért?

— Ha jól tudom, Dickensnek nincs ilyen című regénye . . .

— Rosszul tudja, — mondtam hűvösen.

[1] 'Tea-party.'

A fiatalember elpirult és elnémult. Tekintélyem szilárdabb lett, mint amilyen valaha is volt.

Három héttel ezelőtt történt, hogy az uram új regényt hozott haza. Ennek a regénynek „Jack Gribson" volt a címe, szerzője valami T. H. Forest volt. Kiváncsian vártam, mi van az új regényben, de az uram, mint rendesen, most is előbb egyedül olvasta el, hogy aztán annál könnyebben lefordíthassa.

Már most, képzeld el ezt a véletlent! Ahogy másnap reggel az újságunkat a kezembe veszem, az első hír, amely a szemembe ötlött, szóról-szóra ez volt: „Új regényünk. Mai számunkban kezdjük meg T. H. Forestnek, a zseniális[1] angol regényírónak ‚Jack Gribson' című új regényét. A szenzációs regényt, amely a szigetországban rövid idő alatt kilencvenhét kiadást ért meg, kitűnő fordításban kapja lapunk közönsége, stb., stb."

Hát ennek nagyon megörültem. Éppen figyelmeztetni akartam az uramat arra, hogy ez a regény most jelenik meg magyar fordításban, amikor hirtelen eszembe ötlött valami:

— Nem. Nem szólok neki. Megdermesztem. Amikor elkezdi fordítani, kiveszem kezéből a könyvet és folytatom az elbeszélést ott, ahol ő abbahagyja. Elájul majd a meglepetéstől, nem is sejti, hol tanultam meg hamarjában angolul. Csak utólag leplezem le magamat, megmutatom neki, hogy ez a regény most jelenik meg magyarul az újságban . . .

Pompás ötletemnek nagyon megörültem. Alig vártam, hogy az uram a fordítást megkezdje. Négy-öt nap mulva ez meg is történt. Akkor az első öt folytatást elolvastam már magyarul az újságban.

Amikor az uram beszélni kezdett, nevetésemet alig bírtam elfojtani. Micsoda arcot vág majd, amikor folyta-

[1] 'Gifted.'

tom a regényt? De jókedvem egyszeriben eltűnt. Nevetés helyett megdöbbenés fojtogatott.

Rettenetes valami történt. Az első pillanatban hinni sem akartam a fülemnek, de aztán . . .

Képzeld! Az uram egészen mást mondott, mint amit én a regény magyar fordításában olvastam. Az újságban Jack Gribson tehetséges fiatal festő volt, aki szereti a szegény, de becsületes Lucyt, azonban nem veheti nőül, mert szülei, az öreg Gribsonok, ellenzik. Az uram előadásában Jack Gribson öreg tolvaj volt, aki automobilján százezreket érő brüsszeli csipkét akar a német határon átcsempészni, azonban elcsípik. Elmenekül, de útközben egy jól irányzott lövéssel leteríti az egyik fináncot.[1] Amikor a finánchoz ért, nem bírtam tovább magammal, kétségbeesésemben és megdöbbenésemben fölsikoltottam. Azt hittem, hirtelen megőrültem. A dolgot így tudtam csak magamnak megmagyarázni. Az uram megijedt.

— Mi bajod?

— Semmi, semmi, — mondtam, — ez a sok gyilkosság . . . ideges vagyok . . .

— Halasszuk holnapra a folytatást?

— Igen, igen. Holnap folytatjuk . . .

Egész éjjel nem húnytam be a szememet. Mi történt itt? Mindenre gondoltam, csak arra nem, ami a legtermészetesebb, t.i.[2] arra, hogy az uram nem tud angolul. De ez eszembe sem jutott. Vagy ha fölvillant is agyamban, nyomban elvetettem, mint abszurdumot. Inkább azt hittem, hogy az újság fordítója vétette el a dolgot vagy én tévedek. Az újságban nem ez a regény jelenik meg? Rosszul láttam?

Reggel, ahogy az uram elment hazulról, összehasonlítottam az angol könyvet az újsággal. Sajnos, nem téved-

[1] 'Customs-officer.'

[2] = *tudniillik*.

tem, jól láttam. Az újságban megjelent[1] „Jack Gribson" azonos volt a regénnyel. A nevek, az újságban is, a regényben is ugyanazok voltak. Lucyt, akiről az uram egy szót sem szólott, már a regény második oldalán megtaláltam. A regényben a második fejezet első mondata kérdőjellel végződött, az újságban is. Bele kellett nyugodnom abba, hogy az újság fordítása hiteles, az uramé pedig nem. De akkor? Miért mesél nekem az uram mást, mint ami a regényben van? És csak ezt a regényt mondja-e el másként, vagy minden regényt másként mondott el, mint ahogy az eredetiben van?

Rémesen izgatott voltam. Elrohantam egy könyvkereskedésbe és meg akartam venni „A vörös ház titkát". Ott megtudtam, hogy igaza volt annak a bizonyos fiatal embernek a mama zsúrján: Dickensnek nincs ilyen című regénye. Megtudtam azt is, hogy Poenak nincsenek humoros és pikáns novellái, mert kizárólag hajmeresztő történeteket írt. (Pedig milyen jól mulattunk akkor rajtuk!) Szóval megtudtam mindent: azt, hogy az uram két év óta válogatott hazugságokkal traktál, saját fantáziájának szüleményeit adja be nekem, jeles angol írók művei gyanánt. De miért? Miért?

Akármilyen kínos volt is, be kellett látnom, hogy erre egyetlenegy komoly és alapos oka lehetett csak: az, hogy nem tud angolul.

Minthogy benne voltam a rohanásban, elrohantam a Berlitz-Schoolba is, hogy az uramról kérdezősködjek. Megtudtam, hogy az intézetnek ez az állítólag olyan szorgalmas növendéke soha életében ott nem járt, nevét nem hallották soha. Hát hol volt két év óta hetenként háromszor délután hattól este nyolcig?

Erre csak egy józan feleletet tudtam adni. Azt, amit az én helyemen minden asszony felelt volna: a szeretőjénél.

[1] Past participle.

Ez kiderült is. Hogy milyen körülmények között, azt nem részletezem. De a bizonyítékok ma már az ügyvéd kezében vannak, utólag pedig az uram is töredelmesen bevallott mindent. Most válunk. Az uram könyörög, hogy bocsássak meg neki. De én nem bírok megbocsátani. A csalás még hagyján. De Dickens és Poe és a többi írók, akiket behazudott nekem úgy, hogy örökre kompromittált . . . ezt nem bírom lenyelni! Úgy-e, te is igazat adsz boldogtalan

Vilmádnak.

Endre Ady
(1877-1919)

Góg és Magóg fia vagyok én

Góg és Magóg[1] fia vagyok én,
Hiába döngetek kaput, falat
S mégis megkérdtem tőletek:
Szabad-e sírni a Kárpátok alatt?

Verecke[2] híres útján jöttem én,
Fülembe még ősmagyar dal rivall,
Szabad-e Dévénynél[3] betörnöm
Új időknek új dalaival?

Fülembe forró ólmot öntsetek,
Legyek az új, az énekes Vazul,[4]
Ne halljam az élet új dalait,
Tiporjatok reám durván, gazul.

De addig sírva, kínban, mit se várva
Mégis csak száll új szárnyakon a dal
S ha elátkozza százszor Pusztaszer,[5]
Mégis győztes, mégis új és magyar.

(*Új versek*, 1906)

[1] Traditional ancestors of the Hungarians.

[2] A pass through the Carpathians on the NE. frontier, one of the traditional entry points of the Hungarians.

[3] On the western frontier.

[4] Cousin of King Stephen I (1000–1038). Involved in a plot against the king, he was punished in this way and thus made unfit to succeed to the throne.

[5] The ancient meeting-place of the nobility, where laws were made; here an obvious reference to 'authority'.

Párisban járt az Ősz

Párisba tegnap beszökött az Ősz.
Szent Mihály útján suhant nesztelen,
Kánikulában, halk lombok alatt
S találkozott velem.

Ballagtam éppen a Szajna felé
S égtek lelkemben kis rőzse-dalok:
Füstösek, furcsák, búsak, bíborak,
Arról, hogy meghalok.

Elért az Ősz és súgott valamit,
Szent Mihály útja beleremegett,
Züm, züm: röpködtek végig az uton
Tréfás falevelek.

Egy perc: a Nyár meg sem hőkölt belé
S Párisból az Ősz kacagva szaladt.
Itt járt, s hogy itt járt, én tudom csupán
Nyögő lombok alatt.

Fölszallott a páva

„Fölszállott[1] a páva a vármegye-házra,[2]
Sok szegény legénynek szabadulására."

Kényes, büszke pávák, Nap-szédítő tollak,
Hírrel hirdessétek: másképpen lesz holnap.

Másképpen lesz holnap, másképpen lesz végre,
Új harcok, új szemek kacagnak az égre.

[1] The first and last stanzas are from a well-known folksong.
[2] The place of the county prison.

Új szelek nyögetik az ős magyar fákat,
Várjuk már, várjuk az új magyar csodákat.

Vagy bolondok vagyunk s elveszünk egy szálig,
Vagy ez a mi hitünk valóságra válik.

Új lángok, új hitek, új kohók, új szentek,
Vagy vagytok vagy ismét semmi ködbe mentek.

Vagy láng csap az ódon, vad vármegyeházra,
Vagy itt ül a lelkünk tovább leigázva.

Vagy lesz új értelmük a magyar igéknek,
Vagy marad régiben a bús, magyar élet.

„Fölszállott a páva a vármegye-házra,
Sok szegény legénynek szabadulására."

Egyedül a tengerrel

Tengerpart, alkony, kis hotel-szoba.
Elment,[1] nem látom többé már soha,
Elment, nem látom többé már soha.

Egy virágot a pamlagon hagyott,
Megölelem az ócska pamlagot,
Megölelem az ócska pamlagot.

Parfümje szálldos csókosan körül,
Lent zúg a tenger, a tenger örül,
Lent zúg a tenger, a tenger örül.

[1] 'She' is the subject.

Egy Fárosz lángol messze valahol,
Jőjj, édesem, lent a tenger dalol,
Jőjj, édesem, lent a tenger dalol.

A daloló vad tengert hallgatom,
És álmodom az ócska pamlagon,
És álmodom az ócska pamlagon.

Itt pihent, csókolt, az ölembe hullt.
Dalol a tenger és dalol a mult,
Dalol a tenger és dalol a mult.

(*Vér és arany*, 1907)

Az Illés szekerén

Az Úr Illésként elviszi mind,
Kiket nagyon sujt és szeret:
Tüzes, gyors szíveket ad nekik,
Ezek a tüzes szekerek.

Az Illés-nép Ég felé rohan
S megáll ott, hol a tél örök,
A Himaláják jégcsúcsain
Porzik szekerük és zörög.

Ég s Föld között, bús-hazátlanul
Hajtja őket a Sors szele.
Gonosz, hűvös szépségek felé
Száguld az Illés szekere.

Szívük izzik, agyuk jégcsapos,
A Föld reájuk fölkacag
S jég-útjukat szánva szórja be
Hideg gyémántporral a Nap.

A Halál lovai

Holdvilágos, fehér uton,
Mikor az égi pásztorok
Kergetik felhő-nyájokat,
Patkótlanul felénk, felénk
Ügetnek a halál-lovak.

Nesztelen, gyilkos paripák
S árnyék-lovagok hátukon,
Bús, néma árnyék-lovagok.
A Hold is fél és elbuvik,
Ha jönnek a fehér uton.

Honnan jönnek, ki tudja azt?
Az egész világ szendereg:
Kengyelt oldnak, megálla-
nak.
Mindig van szabad paripa
S mindig van gazdátlan
nyereg.

S aki előtt megállanak,
Elsáppad és nyeregbe száll
S fehér uton nyargal vele
Holdvilágos éjjeleken
Új utasokért a Halál.

(*Az Illés szekerén*, 1908)

Séta bölcső-helyem körül

Ez itt a Bence,[1] látod-e?:
Szelíd, széles domb s méla lanka,
Tán klastrom[2] állt itt egykoron,
Bence-nap éjén köd-torony
Fehérlik s kong sülyedt harangja.

Ez itt az Ér, a mi folyónk,
Ős dicsőségű Kraszna-árok.
Most száraz, szomorú, repedt.
Asszonyom, tépjek-e neked
Medréből egy-két holt virágot?

[1] 'Benedict.'
[2] I.e. a Benedictine monastery, which gave its name to the hill.

Ez itt a Kótó, volt falu,
Elsülyedt vagy turk horda dúlta,[1]
Csupa legendák és jelek.
Itt akartam járni veled
És most gyerünk be a falunkba.

Ez itt falu, az én falum,
Innen jöttem és ide térek.
Mindszentnek[2] hívják hasztalan,
Mert minden gonosz rajta-van,
S itt, jaj, átkos, fojtó az élet.

Ez itt pedig magam vagyok,
Régi tüzek fekete üszke[3]
S fölöttünk végzet-szél fütyöl,
Szaladj tőlem, átkozz, gyülölj,
Avagy légy rám ujjongva büszke.

Proletár fiú verse

Az én apám reggeltől estig
Izzadva lót-fut, robotol,
Az én apámnál nincs jobb ember,
Nincs, nincs sehol.

Az én apám kopott kabátu,
De nekem új ruhát veszen[4]
S beszél nekem egy szép jövőről
Szerelmesen.

[1] Past participle passive with possessive termination: 'devastated by a Turkish horde'.

[2] Its name was *Érmindszent*.

[3] From *üszök*.

[4] =*vesz*.

Az én apám gazdagok foglya,
Bántják, megalázzák szegényt,
De estére elhozza hozzánk
A jó reményt.

Az én apám harcos, nagy ember,
Értünk ad gőgöt és erőt,
De önmagát meg nem alázza
A pénz előtt.

Az én apám bús, szegény ember,
De ha nem nézné a fiát,
Megállítná ezt a nagy, földi
Komédiát.

Az én apám, ha nem akarná,
Nem volnának a gazdagok,
Olyan volna minden kis társam,
Mint én vagyok.

Az én apám, ha egyet szólna,
Hajh, megremegnének sokan,
Vígan annyian nem élnének
És boldogan.

Az én apám dolgozik és küzd,
Nála erősebb nincs talán,
Hatalmasabb a királynál is
Az én apám.

(*Szeretném, ha szeretnének*, 1909)

Emlékezés egy nyár-éjszakára[1]

Az Égből dühödt angyal dobolt
Riadót a szomoru földre,
Legalább száz ifjú bomolt,
Legalább száz csillag lehullott,
Legalább száz párta omolt:
Különös,
Különös nyár-éjszaka volt.
Kigyúladt öreg méhesünk,
Legszebb csikónk a lábát törte,
Álmomban élő volt a holt,
Jó kutyánk, Burkus, elveszett
S Mári szolgálónk, a néma,
Hirtelen, hars nótákat dalolt:
Különös,
Különös nyár-éjszaka volt.
Csörtettek bátran a senkik
És meglapult az igaz ember
S a kényes rabló is rabolt:
Különös,
Különös nyár-éjszaka volt.
Tudtuk, hogy az ember esendő
S nagyon adós a szeretettel:
Hiába, mégis furcsa volt,
Fordulása élt s volt világnak.
Csúfolódóbb sohse volt a Hold:
Sohse volt még kisebb az ember,
Mint azon az éjszaka volt:
Különös,
Különös nyár-éjszaka volt.

[1] Written on the outbreak of war, 1914. See also Molnár, *Egy haditudósító emlékei*, p. 121.

Az iszonyúság a lelkekre
Kaján örömmel ráhajolt,
Minden emberbe beköltözött
Minden ősének titkos sorsa,
Véres, szörnyű lakodalomba
Részegen indult a Gondolat,
Az Ember büszke legénye,
Ki, íme, senki béna volt:
Különös,
Különös nyár-éjszaka volt.
Azt hittem, akkor azt hittem,
Valamely elhanyagolt Isten
Életre kap s halálba visz[1]
S, íme, mindmostanig itt élek
Akként, amaz éjszaka kivé tett
S Isten-várón emlékezem
Egy világot elsülyesztő
Rettenetes éjszakára:
Különös,
Különös nyár-éjszaka volt.

(*A halottak élén*, 1918)

[1] The implied object is *engem*.

Gyula Krúdy
(1878-1933)

Duna mentén

Szindbád egyszer magányosan, barát nélkül élt egy kis faluban a Duna mentén és megbomlott agyvelejét, zúgva kalapáló szívét gyógyította. Idegen embereknél lakott és egy árnyékos veranda volt az a hely, ahol lábát kinyújthatta. (A parasztház szobájába szinte négykézláb kellett bemennie.) Itt élt elhagyatva, a verandáról a nagy Dunát nézte, amely olyan széles volt e helyen, mint egy tó. A túlsó parton esténkint egy lámpa égett a víz felett és fehér sugarakat küldött a fekete vízre. Nappal kormos vontatóhajók vonultak a nagy vízen, meg-megálltak, horgonyt vetettek és kis piros-fehér zászlócska olyanformán lengett Szindbád felé, mintha éppen az ő tiszteletére állottak volna meg a hajók a kis falu alatt. (Szindbád ilyenkor egy harcsabajuszú és hallgatag kormányosra gondolt, aki ott pipázik valahol az állati hangon bőgő vontatóhajó farán, míg felesége az ingét mossa a csónakban.) Délután a bécsi hajó szelte át a vizet és a potrohos hajó olyan méltóságteljesen evickélt tova, mint egy kövér pap. A kémények komolyan lapátolták a vizet, míg a fedélzeten fehérabroszos asztalok látszottak, ahol kövér idegenek sonkát esznek és hozzá jégbehűtött sört isznak; a korlát mellett színesruhájú asszonyok és leányok állnak, nagy szalmakalappal a fejükön és kis zsebkendőiket Szindbád felé lobogtatják. (Ilyenkor Szindbád fehérnadrágos és aranyos sapkájú hajóstiszt szeretett volna lenni. Hófehér cipőben ábrándos lépésekkel megy végig a fedélzeten és hódító pillantásokat vet a nyersselyemruhás, nagyszemű román asszonyokra.) Aztán a bécsi hajó eltűnt a folyó kanyarulatánál és Szindbáddal csak a romok maradtak, amelyek a túlsó part hegyeiről integettek. A hegyen hajdan királyok laktak és a fák még nem nőtték be teljesen az utat, amerre a királyok (bíborpalástban és nagy sarkantyús csizmában) a lovagokkal és az udvarhölgyekkel a várba felmentek. A nők hosszúderekú ruhat és arannyal hímzett bársonyszoknyát viseltek. Csizmát hordtak, mert gyakran lóra ültek és göndörhajú ifjakkal nyargalásztak a lapos partokon. Bár a Duna a hegy lábát nyaldossa, a nők nem igen fürödtek, mert az még nem volt divat abban az időben. (Szindbád gyóntatóbarát óhajtott lenni a vártemplomban és fehér kendőt nyomva szemére, kihallgatni a nők gyónását, amelyek bizonyára őszintébbek voltak akkoriban, mint manapság. Hisz a pokol sokkal közelebb esett a földhöz. A gyóntatóbarát csak egyet mordult és már megjelent az ajtóban az ördög. Szindbád Nagy Lajos király nejét[1] szerette volna gyóntatni nagyhétben a vár kápolnájában..)

Azután este lett.

A hegyek, erdők, régi királyi lakok és pirostetejű parasztházak eltünedeztek a leereszkedő sötétségben, egy csónak sokáig látszott a régi ezüsthöz hasonlatos Duna hátán, a csónakban fehérruhás nők ültek és egy kibontott hosszú fehér fátyolt lebegtettek a víz felett, majd megjelent a rév lámpása a túlsó parti sötétségben és erre csend lett a nagy Dunán. A habok láthatatlanul, álmodozva suhantak tova és elvitték hírét Szindbádnak a messzi tengerekre, amint búbánatosan üldögél egy kis faluban, egy rozzant verandán. (Mire a habok messzire érnek, — gondolta Szindbád — elérkeznek egy messzi tartományba, idegen

[1] Elizabeth, wife of Louis the Great (1342–82).

országba, ahol egy kis falu alatt feketeszemű, domború keleti asszony füröszti fehér, gömbölyű térdeit a Duna hullámaiban. A hűs habokból egyszerre meleg áramlat támad és a meleg hullámok körülfolydogálják a fehér lábakat. Ezek azok a hullámok, amelyekre a hegyek között Szindbád vágyakozó szeme tapadt.) — Aztán éjszaka lett és ekkor megérkeztek végre Szindbád barátai, — a magas töltésen tovarohanó vonatok . . .

A magányosan, elhagyottan élő Szindbád verandájáról arra a magas vasúti töltésre látott, amely ott húzódott keresztül a falucska közepén és a töltésen naponta százötven vonat elrohant. Napközben a mozdonyok mulattatták Szindbádot. A nagy fekete gépek, amelyek gyors kerekeiken sietve gurultak tova, idővel élő lények alakjában jelentkeztek Szindbád kepzeletében. Voltak közöttük hatalmas, haragos és gőgös fajták, amelyek csupán kötelességtudásból vetődtek erre a tájra. A gyorsvonatok amerikai típusú szörnyei egy-két füstfelhőt pöffentettek a kis falucskára, aztán eltűntek. A kis cilinderkalapok sebesen szaladnak el a fák teteje felett, a nagy kerekek olyan gyorsan forogtak, mintha ma volna az utolsó napjuk és a vashíd tiszteletteljesen, röviden zörrent meg, mintha egy nagyon tisztelt, ismert, nagyrabecsült látogató lépne a tájra, akit már nem szükséges hosszasan bejelenteni. „I.e." mondta a vashíd és a Buffaló-mozdony[1] átrepült a kis falun, hogy a következő percben már csak a hegyek közül hangozzék vissza lihegő futása. Nyurga távírópóznák ijedten, szinte csodálkozva bámultak a kocsisor után, ahol finom nők és urak álltak az ablakokban, az étkezőkocsi csillogó üvegtáblái mögött fehér abroszok és borospalackok villantak meg, a szakács fehér sapkában néz ki a tájra és a mozdony hídján[2] komolyan és megfontoltan áll a kormos

[1] I.e. built in Buffalo.
[2] 'Footplate.'

fűtő. A hosszú kocsik sietve futnak céljaik felé és egy úr a kezét fogja egy úrnőnek az utolsó kocsi folyosóján. (Szindbád természetesen nászutas szeretett volna lenni, aki zöld pamlagon most néz komolyan egy fiatal leány szemébe, de az ajtón diskréten kopog a fehérkabátos pincér: az ebéd tálalva van . . .)

Majd köhögve és már messziről zörögve bukkan fel a kanyarulatnál a személyvonat vastag kéménye és sűrűn ontja fekete füstjét a tájra. Hö-hö-hö . . . mondja a mozdony, amint átgurul a vashídon és a mozdonyvezető kék zubbonyában, kormos sapkájában a mozdony ablakába könyökölve, elgondolkozva néz előre a síneken. A gőz fehéren, sisteregve repked a kerekeknél és a mozdonynak olyan kürtője van, mint egy adóhivatalnoknak újév napján, midőn főnökéhez tisztelegni megy. A kopottas, poros személyszállító kocsik fáradt egykedvűséggel sorakoznak egymás után, de odabent az ablakok mögött víg élet van, kerekszemű gyerekek bámészkodnak a falura, a bőrkanapékon fűző nélkül ülnek kövérkés mamák és kiterített szalvétán sonkacsontot esznek. A férfiak ingujjban és hangosan nevetve, vidám dolgokat mondogatnak az asszonyoknak, egy kopasz ember éppen a függönyt ereszti le gondosan, míg a vonat végéről víg énekszó hangzik. Fiatal parasztlányok énekelnek karban és a legények félrecsapják virágos kalapjukat, a harmadik osztályú kocsik közepén álldogálva. A kalauzok kipedrett bajuszú, jókedvű szemű fiatalemberek, akik vidáman kiáltják az állomás nevét, miközben katonásan tisztelegnek egy feketeruhás, fehérharisnyás és kövérkés özvegyasszonyka felé, aki megelégedett mosolygással, lassan ereszkedik le a magas lépcsőkön. A széltől megborzolt hajú lányok — talán utazgató nevelőnők vagy tanítónők, akik végre kineveztetvén, messzi állomásukra igyekeznek — világos blúzban, könyökig meztelen karral kihajolnak az elmenő vonat ablakából és kacéran forgatják vidor[1] tekintetüket az állomáson ődöngő Szindbád felé. Egy kukoricanadrágos, izzadt férfi keresztülhajol a lányok gömbölykés vállán, mire egy sovány, magas leány a karjába csíp. A vonat tovább halad, egy pajkos parasztmenyecske felcsípi a szoknyáját és úgy mutatkozik Szindbádnak a harmadik osztályról és a vállas kalauzok hetykén állnak meg a lépcsőkön . . . (Szindbádunk vasúti kalauz szeretett volna ekkor lenni; midőn is fehér kesztyűben lépne be a női osztályba, ahol a meleg miatt kibontott ruhában üldögél egy lesütött szemű menyecske, aki körülményesen tudakozódna a vonatok érkezéséről, indulásáról és a kalauz csendesen bezárná az ajtót maga mögött . . .)

És éjjel, midőn halkan, szinte zajtalanul suhan át az expresszvonat a magas töltésen, a mozdony röpülni látszik jól megkent kerekein, míg a lámpások hosszú fénysávot vetnek előre a sínekre, a kocsik tompán görögnek és a nyitott ablakok mögött sajátságos arcú és tekintetű külföldi nők vetkeződnek a hálófülkékben és becsületrendjelvényes urak újságlepedőt olvasnak az étkezőkocsiban, a kőszénfüst szagán keresztül, megérezni a havanna és parfüm illatát: ekkor Szindbád fekete bajuszú és Henry-szakállas hálókocsi-ellenőr volt, aki aranyos sapkában előkelő nyugalommal nyit be a hálófülkébe és a szundikáló szép román asszonytól hűvösen, de finomkodva megkérdezi: „Asszonyom, nem parancsol még valamit?" És az expressz-vonat tompán gördül tova a síneken, míg az elmaradozó kis parasztházakban eloltják a mécsest és nyugalomra tér a házigazda feleségével . . .

Valahol messze, az éjben lámpácskáival haloványan pislogva húzódik tova egy bús tehervonat, a mozdonyon szemébe húzott sapkával ül a gépész és hosszú füstöket szív pipájából . . .

[1] Obsolete: =*vidám*.

Nem, a tehervonatra már nem igen gondolt Szindbád, midőn így élt egy nyáron a Duna mentén.

(*Szindbád utazása*, 1912)

Ferenc Molnár
(1878-1952)

Egy haditudósító emlékei[1]

1914 július 23.

Délután három óra.

Rettenetes hőség. Valaki azt mondja: „Ez nem az a jó, száraz, égető meleg, ami jól esik, hanem valami fülledt tudja-isten-micsoda." A kávéház előtt ülünk és minden tűrhetetlen. A pincér, a kávé, az újság, a kocsik, minden. A szomszéd asztalnál uszodáról beszélnek. A meleg az embernek a fejét nyomja, mint egy kalap. Ha az ember leveszi a szalmakalapját, úgy érzi, hogy egy másik kalap van a fején, melegebb, nehezebb, szűkebb. Körülöttem mindenki gombolkozik. Egy úr a gallérját is kigombolja. A pincér arra megy egy citromfagylalttal, „pohárban". Egy bágyadt hang: „Nekem is". Egy másik hang: „A hét végén lesz demars.[2]' Szerbia mindent meg fog adni". Tűrhetetlen a hőség. Nem lehet se ülni, se állni, se olvasni, se szivarozni. Haza kell menni. Egy hang: „Levetkőzni, megfürödni, estig fel se öltözni . . ." Egy barátunk hív, menjünk ki a Margitszigetre. Indulunk. Ahogy levett kalappal bambán bámulunk az égre a kocsiból, szürke fátyol húzódik a nap elé. Aztán egy másik, piszkos sárgásbarna. A levegő nem mozdul. Mintha forró ólomban

[1] Cf. Ady, *Emlékezés egy nyár-éjszakára*, p. 113.
[2] *Démarche.*

úsznánk lassan előre. Még egy fátyol megy a nap elé. A hídvámszedő maga körül forog és az eget nézi, egészen hátraszegett fejjel. Eső lesz.

Négy óra.

A szigeten. Hárman vagyunk a szobában. A házigazda az ágyon hever, pipával a szájában. Pipázunk, hallgatunk, minden ruhánk a székeken, asztalokon hever. Lassan sötétedik. Az ablak előtt hatalmas fák állnak abban a tökéletes mozdulatlanságban, amit sehogyse tudok megmagyarázni. Most már biztos, hogy vihar lesz. Egyszer egy szegény kis faluban láttam ökröt vágni. Nem akart bemenni a vágó-konyhába, vesződtek vele. A szarvát kötözték, a fejét felhúzták, akadékoskodott. A mészáros kiment a taglóért. Abban a pillanatban egyszerre csak mintha kővé vált volna az ökör. Ez a tökéletes, halálfélelmes taglóváró mozdulatlanság jut eszembe, mikor a büszke fákat látom most, amint milliónyi levelük, mint a festett kép, oly mozdulatlan. Én még nem látom, de ők már érzik jönni valahol messze a villámot és az orkánt. Egészen sötét van. Nem szólunk egy szót se. Nagyon messze halkan dörög. Egy kis szél jön. A fák felsóhajtanak. Megint dörög. Figyelünk. Az egyik halkan mondja: „Jön már". Mindenki arra gondol, hogy nehéz időket élünk, valami furcsa, sóhajtásos érzés nyomja az ember mellét. Óbudán harangoznak. A szél visít egyet és éjszakai sötétség borul ránk. Az ablak alatt bádogtető van, azon már kopog az eső. Egy retteneteset[1] csattan, aztán utána dördül még egyszer és tizenkét hatalmas fa egyszerre féloldalt dől, valahonnan a ház mögül előrohant a vihar és egyszerre nekikment. Visszavágódnak, de a szél megint elfekteti őket, egyszerre minden erejüket elvesztik és úgy hajladoznak, mint a fű. Mint egy durva nagy fésű, úgy jár bennük az orkán. A

[1] Adverbial.

sűrű, összenőtt kis erdőt féloldalt fekteti és a szó szoros értelmében végigfésüli. Egy irányban fekszik minden galylyuk, leveleik, mint a fölfelé fésült haj. Ropognak az ágak. Egy ablak zuhan valahol. Utána emberi hangok. Ahogy fésüli az orkán az erdőt, égigérő vízfüggönyöket csap hozzá, négyet-ötöt hirtelen egymásután. Szakadatlanul dörög. Óbudáról éles harangszó sikolt néha-néha, amint a vihar el-elkapja a hangot. Most már repülve jönnek a vízfüggönyök, hosszú, toronymagas, rongyos vízfátyolok dőlnek a levegőben egymásra, az erdőre, neki a sárga házfalnak, amelyet barnára öntenek végig. Valahol messze egy hosszú, hosszú asszonysivítás. Aztán egyszerre: dörgés, recsegés, roppanás, egy irtózatos csattanás, sehol eső, sehol zápor, csak nagy, ijesztően repülő vízrongyok a levegőben, majd egy-egy nagy hadilobogó vízből, felhőrongyból, amint nekicsapódik a falevelek síró rengetegének és a földig sujtja őket. Valahol trombitálnak a város felől. Bizonyosan a tűzoltók mennek egy beszakadt házhoz. A szobában iszonyatos meleg van. Kinyitunk egy ablakot. A tompa viharlármát hirtelen élesen halljuk. Hűvös szél csap be. Kissé világosodik az ég. A portás azt mondja, hogy harminc óriási fát tövestűl tépett ki a vihar. Mire mindent megtudtunk tőle, már csöndesen zuhog künn. Az ég sárgán világosodik. A trombita egyre szól Pest felől.

Hat óra.

Megyünk végig az elpusztult szigeten. Be kell menni a városba, a barátomat sürgősen hívták a miniszterelnökségről a telefonhoz. Vágtatunk befelé, a szigeti telefon nem szól. A munkások már fűrészelik a ledőlt fákat. A sziget végében az egyik csónakház féloldalt fordulva fekszik a Dunán, a fele víz alatt van. Az „Empress of Ireland" katasztrófájáról láttunk ilyen képeket az angol lapokban. A nap nem akar kisütni, a levegő fojtott. Mindenkinek rossz kedve van. Mit akarhat a miniszterelnök? Csak nem lesz háború? Benn, a szerkesztőségben levél a szerkesztő úr számára. Éjjel fél tizenegykor fel kell menni Tiszához,[1] fontos közlendője van a sajtó számára. Mi lehet? A barátom idegesen cigarettázik, fel-alá jár a szobában. Ítéletidő, napfogyatkozás, tövestűl kicsavart fák, villám, dörgés, harang, trombita, éjjeli gyűlés, háború . . . Az idegrendszerek fenekestűl fel vannak fordulva. Tulajdonképpen isteni szép korban élünk. Még rövid idővel ezelőtt húzódoztunk tőle, de most már benne vagyunk, teli tüdővel szívjuk, mohón éljük. Háború? Senki nem tudja, hogy lesz, mint lesz. Éjfélkor mindent fogunk tudni. Csöndben ülünk, hallgatunk, Lehúnyom a szememet. Nagyon vékonyan, halkan tovább szól az agyamban a távoli trombita.

(1916)

[1] The Prime Minister.

Ferenc Móra
(1879-1934)

Vallató vacsora[1]

Molnár János híres csendbiztos[2] volt valamikor a mi határunkban.[3] Mikor én összebarátkoztam vele, harminc esztendővel ezelőtt, már akkor megroskadt egy kicsit, de a rabvallató[4] tekintete még akkor is kibírhatatlan volt.

— No, öcsém, ízlik-e a bárányleves? — szögezte rám a rabvallató azon a tanyai ebéden, amit ő rendelt meg a tiszteletemre Szépenlépő Bogár Pirosnál. (Körülbelül egyidős lehetett a szépenlépése a csendbiztos rabijesztgető tekintetével.)

— Hát ilyennel még nem találkoztam az életben — vallottam ravaszul, ami éppen olyan kötelező a kezdő riporterre, mint az öreg Perzekutorra a sastekintet. — A maga nemében a legideálisabb leves a világon.

Én nemcsak ravaszul mondtam, hanem szívből is. Máig is azt hiszem, olyan ideális faggyú-levest az utolsó budai basa evett utoljára Magyarországon.

— No, még egy tányérral, öcsém. Sose lesz belőled újságíró, ha ilyen szégyenlős maradsz. Szánd mög már, Piros lelköm, a nyavalyást.

Még háromszor szánt meg Piros, s akkor is megszidta a perzekutor, hogy ötödik tányérra való már nem maradt a

[1] Certain dialectal variations appear in this story: *ö* is frequently used for *e*.
[2] 'Police officer.'
[3] 'In our neighbourhood.'
[4] Literally 'making criminals confess.'

tálban. Kinézte belőlem a híres rabvallató szem, hogy még annak is megfeleltem volna.

El lehet gondolni, mit produkált ez a szem, mikor Szerencsés Fekete Jóskára szegeződött rá, aki szintén híres ember volt a maga idejében, noha másirányú[1] pályán működött. Jóska a marhalopás terén szerzett magának maradandó érdemeket és ezen a réven sűrűn érintkezett a csendbiztossal. Elég meghitt viszony volt köztük, s ámbár Jóska sok bosszúságot szerzett a perzekutornak, amit ő nem kevesebb kellemetlenséggel fizetett vissza, azt lehet mondani, hogy kölcsönösen becsülték egymást. Aki diplomaták memoárjait olvasta, az tudja, hogy ilyen esetek nem ritkák a világi életben.

A nagykövetek is vacsorára szokták meghívni, akinek a veséjébe akarnak látni, s így támadt egyszer a perzekutornak is az a gondolata, hogy vacsorára invitálja meg magához a betyárt. A Tiszaparton jutott az eszébe, ahogy meglátta a kis mokány embert, aki éppen a halászoknak segített bárkát tisztítani. Hivatalon kívül ilyen szolgálatkész ember volt a betyár.

— No, Jóska, gyere velem — nyugasztotta rá a vállára a kezét a biztos.

Jóska megrettent, de csak azért, mert nehezellette a vállán a biztos nagy markát. Amúgy a lelkiismerete most tiszta volt, egy vetélt[2] borjú se vetett rá árnyékot.

— Mögyök én, tekintetes uram, hogyne mönnék — mondta készségesen és egy kicsit följebb tolta homlokán a kajla kalapot. Nagy tisztesség az egy szegény betyár legénynek, ha úgy mehet végig a perzekutorral az utcán, hogy még csak hátra sincs kötve a keze.

De bizony érte Jóskát egyéb tisztesség is. Ahogy hazaértek, a csendbiztos meggyujtotta a gyertyát s asztalhoz tessékelte Jóskát.

[1] 'Different.' [2] 'Stillborn.'

— No, ülj le, fiam.

A betyárnak kezdett melege lenni. Akármeddig nézett vissza a pályáján, sose történt vele, hogy ülve vallatták volna. Gyanakvó szemmel oldalogta körül a kopott bőrszéket.

— Ne félj, Jóska, nem harap — nevetett a biztos, — hanem nézd, inkább te harapj egy kicsit.

Azzal kivett az almáriumból egy tányér rántott csirkét és odatolta Jóska elé.

— No, legény, van-e bicskád? Hát persze, hogy van, micsoda betyár volnál, ha még bicskád se volna? No, ne kéresd magad, mint éjfélkor a menyasszony, hanem láss hozzá, ha hidegen is vállalod a rántott csirkét.

A betyár azonban csak csóválta a fejét.

— Ejnye-hejnye, tekintetös uram.

— No, mondom, ne uraztasd magad,[1] hanem töltsd meg az oldalközt. Ne félj, nem halsz meg tőle.

— Nem is azért, tekintetös uram, — nézett sunyítva a betyár, — hanem, hogy mivel érdemöltem én mög ezt az embörségöt?

— Ne búsulj, fiam, majd megérdemlöd mingyárt. Azt mondod el érte neköm, hogy hogyan szoktál te lopni.

A betyár keresztet vetett.

— Isten őrizz, tekintetes uram. Hát mán a tekintetes úr is marhalopásra akarja adni magát?

— Szamár! — nevette el magát a biztos. Hát már hogy gondolsz olyant? Csak úgy barátilag töszöm föl a kérdést. Hiszön ilyen vén fejjel már csak nem kezdök új mestörségöt.

— Nem is való mán[2] az ilyenkor, — döfött a tányérba Jóska megvidámodva a halbicskával. — Én is suttyó gyerök voltam, mikor az első próbát töttem.

[1] I.e. 'give yourself airs'.
[2] Emphatic particle.

— Hogy volt az, édös fiam?

— Úgy, tekintetes uram, hogy marhapásztor voltam, de mint ésszel élő embör, hamarosan rágyöttem[1] arra, hogy többre mén[2] az embör marhalopással, mint marhaőrzéssel. Tíz pöngőt se láttam együtt, míg a szömem ki nem nyílt, de aztán csak jóra fordult a sorom. Mingyárt az első ökörhajtással mögkerestem ötven pöngőt. El is danoltam még azon az éccakán[3] a madarászi csárdában.

— Emlékszök én arra, Jóska. Te is emlékközhetsz rá, mert jó helyben hagyattalak, mikor először a kezemre kerültél.

— Hát hordtam egy hónapig a kékjét, tekintetös uram, — mosolygott a betyár és kedvetelten turkált a tálban a bicskaheggyel.

— Úgy, úgy, gyerököm, csak válogasd a nagyját, mert biz ezek apró jércikék[4] voltak. Hát osztán ki szokott neked segíteni, Jóska? Csak úgy barátilag kérdezöm.

— Neköm, tekintetös úr? Nem segít neköm sönki a jó Istenön kívül.

— Te, embör, te! Ne káromold az Istent!

— Én? Hogy káromolnám? — tiltakozott a betyár. — Nem vagyok én káromkodós embör. Osztán mög a jó Istennek se igen löhet velem baja, mert mindig mög szokott segíteni. Akinek egy-két ökre van, azét én sose bántottam, a nagygazdának mög se több, se kevesebb egy ökörrel.

— No, no — fújta a biztos a füstöt. — Aztán hány ökröt loptál már össze gyerököm?

— Tudja a Jézus. Nem nagyon számolgattam én azokat. De nem sok híjja löhet a kétszáznak.

— Aztán hányszor vesztöttél[5] rajta?

[1] =*rájöttem*. [2] =*megy*.
[3] =*éjszakán*. [4] 'Pullets.'
[5] 'Lost on them'; explained by the next speech.

— Azt már mög tudom mondani, kérömszépen. Kilencször kerültem a törvény kezire össze-vissza.

— Ügyes embör vagy te, Jóska — bókolt a biztos.

A betyár azonban szerényen rángatta panyókára a vállát.

— Nem vagyok én ügyes, tekintetös uram, hanem azok a szamarak, akik az ökröket őrzik. Nézze, legutóbb is hogy jártam! Tekintetös úrnak mán csak elmondom, barátilag.

— Mondjad fiam, mondjad! — villant fel a perzekutor szeme. De csak az almáriumra villant. Egy üveg piros bort állított az asztalra. — Ne mondd, Jóska, hogy úgy veszejtelek el, mint az ördög a feleségét.

A betyár húzott egyet az üvegből és most adta vissza az elismerést.

— Jó kis bora van a tekintetös úrnak.

— Ne arról beszélj, lelköm, gyerököm. Azt mondd el, hogy mi volt az a legutóbbi eset? De azért ne hagyd ám itt ezt a kis körömfaladékot[1] se.

— Az? — tömte magába Jóska az aprócska csülköket.[2] — Jó kis eset volt az, kéröm. Az első kakasszóra ki akarom vezetni az istállóból az ökröt, hát nem fölébred a bérös! Mit akarsz? — kérdezi mérgesen. — Hát mit akarnék, mondok, szögény hajcsár vagyok, eltévelyödtem,[3] itt akarok möghálni, bekötöm éccakára ezt az ökröt a jászolhoz, ha mögengedöd. Dehogy engedöm — pattog a bérös, — ha a gazda röggel észrevöszi, mögpiszkol[4] érte, tisztuljon kend innen vele! Mögyök ám, édös fiam, mögyök — mondom neki, — csak ne haragudjál! Hát nem is haragudott a külüfejű,[5] mer még az ajtót is ő nyitotta ki.

Nevetett a betyár, nevetett a perzekutor is, de azért utoljára mégis csak rávetette Jóskára a rabvallató szemét.

[1] 'Nail-parings.'
[2] From *csülök*.
[3] =*eltévedtem*.
[4] 'Abuse.'
[5] 'Numskull.'

— Aztán hová vezetted azt az ökröt, Jóska fiam?

Jóska időváltozást érzett. Egy kicsinyég[1] megállt benne az ütő. Aztán összeszedte magát és vállat vont.

— Vannak a magamfajta embernek többféle helyei.

— Azokat szeretném én tudni, Jóska.

— Azokat nem mondhatom én mög, tekintetös úr, Böcsület dolga az.

— Ötven pengőt kapsz minden orgazdáért.

— Ötven pengőt? — bólintott Jóska. — Szép péz.[2] De nem böcsület.

— Ha pedig nem vallassz, akkor tüstént vasraveretlek.

Már akkor állt a perzekutor. Szúrt a szeme, mint a vasvilla. A betyár lehajtotta a fejét.

— Hát mit tögyek, tekintetös uram?

— Igyál, Jóska és beszélj.

— No, írja az úr — szegte föl dacosan fejét a betyár. — De maga felel érte az Isten előtt, ha böcstelenségre kényszerít.

— Vállalom, fiam, csak mondjad.

— Tessék. Kesdy Szabó András, Majsa.[3]

— Jó pipa, ösmeröm.[4] Mondd csak tovább.

— Penecilus Tót János, Makó.

— Tovább!

— Csábi Mátyás, Vásárhely.

— Van-e még?

— Csenki Ráfael, Félegyháza.

— Lössz-e még?

— Tán öleg is most mán ebből ennyi.

— Hát egyelőre öleg, fiam. Köszönöm a szívességöd.

— Én is a tekintetes úrét — nézett Jóska a tálba, hogy hát azt a három combocskát ki eszi már most meg?

[1] 'For an instant.' [2] = *pénz*.

[3] Kiskunmajsa, like the three following towns, on the Alföld.

[4] = *ismerem*.

— Papírba tösszük fiam, vidd haza — mondta barátságosan a tekintetes úr és belecsavargatta egy protokollumba a rántott húst.

— Isten fizesse mög a szívességit — mondta a betyár meghatva.

Ezen aztán elnevette magát a perzekutor. Ez nem is lett volna baj, ha föl nem fújta volna a két piros képét[1] és az öklével ráütve ki nem mondta volna:

— Brekeke.

— Tessék? — sápadt el a betyár és a gyomrához kapott.

— Biz ez így van, Jóska — rázta a kacagás a tekintetes urat. — Ne haragudj, de ez egyszer nem igazi csirkét ettél. Azt hittem, te is szereted a békát.

A betyár nyöszörögve támolygott ki az ajtón. A perzekutor pedig boldogan tette el magát[2] másnapra. Félóra mulva azonban ráverték az ablakot.

— Ki az?

— Én vagyok, Szöröncsés Fekete Jóska.

— No, mi baj már megint Jóska?

— Mögkéröm a tekintetes urat, ne haragudjon, de az eccör[3] nem igazi nevöket mondottam be. Ugyan van köztük igazi is, a majsai, de azt mög mán öt esztendeje eltemették.

[1] I.e. 'cheeks'.
[2] I.e. 'went to bed'.
[3] =*egyszer*.

Zsigmond Móricz
(1879-1941)

A stipendium[1]

Az öreg paraszt megállott az iskola tornácán. A kalapját már az ég alatt levette s hogy jelt adjon magáról, elkezdett topogni, mint mikor a sarat veri le a csizmájáról. Nem volt sár, erős nyár volt, szárazság, munkaidő, de ha már a tanító megtisztelte azzal, hogy ilyen dologidőben felhivatja az iskolába, úgy akarta viselni magát, ahogy az apáitól tanulta: kifejezést kellett adni az urakkal szemben való tiszteletéről.

Topogott hát mégegyszer, a torkát is megköszörülte. Hátha meghallják odabenn.

A tanító, aki már várta, meg is hallotta s kijött elébe.

— No János bácsi, Isten hozta. Jöjjön csak beljebb, jöjjön, jöjjön.

Úgy beszélt vele, ahogy egy fiatal tanítónak, aki a parasztok kedvébe akar járni, beszélnie kell. Mosolygott, szívesen mozgott, nagyon mutatta, hogy milyen szívesen látott[2] vendég nála az öreg, aki még sohasem volt ebben a házban, mióta újraépítették.

— Köszönöm alássan, tanító úr — mondta az öreg s aggodalmasan lépte át a küszöböt, mintha valami nem jó várna rá. Sose lehet tudni, hogy ezek az urak mit akarnak.

A tanító szobája éppen olyan új volt, mint maga a ház.

[1] Certain dialect-forms appear in this story, e.g., *ű* for *ő* and *o* for *a* (*osztán*).
[2] Past participle passive.

Az öreg nem igen nézett körül, de nem tetszett neki, hogy ebben a kicsi faluban ilyen ménkű[1] nagy palotát építettek iskolának és ilyen fene úri bútora van egy kis vékony tanítónak. Nem így volt az az ő korában, mikor nádfedeles volt az iskola és a tanító is öreg volt és nagyon szegény.

— Na János bácsi, tudja-e, hogy mért kérettem ide?

— Majd megmondja a tanító úr — mondta az öreg óvatosan.

— Hát azért kérettem, János bácsi, mert nagy dolgot akarok magával.

A hetvenéves öreg ember komolyan, mereven nézte a tanítót. Nem szerette ő ezt a hangot. Az ő fiatal korában nem így beszéltek a paraszttal, hanem azt mondták neki: „Hallja kend". Meg azt, hogy: „Hátrább az agarakkal" . . . Valami van emögött, ha ilyen mézesen beszélnek ezek.

— Hát János bácsi arról van szó, hogy a maga unokájából urat akarok nevelni.

Az öregnek az arcán egy izom se mozdult meg. Egy ideg se rendült meg. Várt. Várta, hogy mi sül ki ebből.

— Ez a maga kis unokája, a Janika, nagyon jófejű gyerek . . . Hat esztendeig ő volt az iskola dísze. Ő volt a legjobb tanuló, a legszorgalmasabb, a legügyesebb . . . Hát én már régen készülök rá, hogy egy szegény gyereket a felsőbb iskolába juttassak. Gimnáziumba. Tudja, mi az a gimnázium? Ahova az úri gyerekek járnak . . . Drága iskola, de én már elintéztem, hogy a maga Janikáját ingyen felveszik, tanítják, kiiskolázzák. Lehet belőle minden. Pap, tanító, fiskális, vagy bíró, vagy amire válik. Megértette?

— Hallom, tekintetes uram — szólt az öreg gondolkozva.

— Hát odaadja?

Ezt az egy szót rosszul tette fel a tanító, mert erre az

[1] =*mennykő* (slang) 'confounded'.

öreg rögtön tisztában volt vele, hogy itt valami őtőlc függ, ha valamit kérnek, akkor meg kell gondolni a dolgot.

— Hát ami azt illeti, — mondta — az enyém.

— Persze, hogy a magáé.

— Az enyim, tekintetes uram, mert az apja a háborúban szerzett[1] betegségben halt meg. A fiam. Osztán, hogy ű meghalt, a három gyerek rám maradt. Kivált, hogy a menyem is meghalálozott, hát az egész három gyerek teljesen az én tulajdonomba maradt. Én etetem űket, én tartom el, én fizetem értük a bírságot, ha nem mehetnek iskolába, mer[2] hogy messze lakunk, hát télen, ha nincs jó csizma, nem mehetnek iskolába, oszt[3] olyankor megbüntetnek[4] értök.

— No jól van, az nem olyan veszedelmes. A Janikáért sose büntették meg, inkább minden karácsonykor új csizmát kapott. Igaz?

Az öreg hallgatott: most akarják kiforgatni őt a tulajdonából.

— Hát avval még nem fizették ki — mondta.

— No, ne alkudozzunk — szólt a tanító, — Most olyan szerencse éri a gyereket, amit sose tud meghálálni. Elvisszük a gyereket a kollégiumba.

— Hát a[5] még nem biztos — mondta az öreg.

— Mért nem biztos?

— Nincs annak a fiúnak arravaló ruhája.

— Nem baj, — mondta a tanító — én úgy szeretem azt a gyereket, hogy vállalom, hogy a falu úri lakosainál gyüjteni fogok és felöltöztetjük, az útiköltséget is megadjuk, én magam beviszem és mindent elintézek. Boldog vagyok, hogy egy ilyen zseniális[6] kisfiút tudok a kollégiumba vinni.

[1] Past participle passive.
[2] =*mert*.
[3] =*azután*.
[4] Implied object is *engem*.
[5] =*az*.
[6] 'Gifted.'

— Osztán mér akarja a tanító úr, hogy az a gyerek úr legyen?

— Mert arra való. Az Isten kivételes ésszel áldotta meg. Nem szabad egy ilyen kis lumennek[1] elveszni a sárban. No. Hát rendbe vagyunk?

Az öreg hallgatott.

— A gyerek az enyém — mondta komolyan. — Ügyes gyerek, már nagyon hasznát tudom venni a gazdaságba. Nagyon hasznavehető kis gyerek az, kérem. Úgy elhajtja már a lovat, mint egy kis gazda. Mán a tavaszon szántott, de olyan jól megfordította az ekét, hogy ugyan. Osztán most mán nem kell neki iskolába se menni, dolgozhat.

— Mit akar ez lenni? — mondta heveskedve a fiatal tanító. — Hát nem örül neki, hogy úr lesz az unokájából?

— Örülök, tekintetes uram, csak azt szeretném tudni, hogy mit kapok érte?

— Hogyhogy mit kap érte?

— Mer avval nagyon jól járnak az urak. Nagyon fajin[2] gyerek. Mer, ha odaadom, olyan egy nekikvaló[3] gyereket kapnak az urak, hogy csak . . . Egy ilyen szorgalmatos, jódógos,[4] ügyes gyereket odaadni? Nagy dolog az, kérem.

— Hát hogy gondolja?

—Mer uram, a gyerek az enyém. Azt éntőlem senki el nem veheti, még a törvény se . . . Ha elviszik tőlem, mikor már a legjobb hasznát tudnám venni, mi lesz akkor énvelem? . . .

A tanító elképedve hallgatta az öreg parasztot. De ez folytatta:

— Mer idáig nem vettem hasznát, kicsi vót, iskolába is kellett neki járni, de most olyan ez uram, hogy a szívem is sír utána, hogy elviszik, mikor már érő volna.

— Hát mit akar?

[1] 'Bright spark.'
[2] 'Fine.'
[3] 'Of their sort.'
[4] I.e. *jól dolgozó.*

— Elszegődtetik tőlem . . . úrnak . . . Ki téríti meg az én káromat?

S a maga igazában megcsökönyösödve nézett szembe a tanítóval, aki a maga hasznára, mint az úri rend képviselője, el akarja rabolni az ő jószágát.

— Ingyen, uram, nem adom oda . . . De, ha megfizetik az én veszteségemet, nem mondom, hogy nem.

Mint egy barbár emberkereskedő, aki a gyereket rabszolgának adja el.

— Mit akar kapni érte?

— Állítson nekem a tekintetes úr, mán az urak, helyette egy másik kiskocsist. Osztán, míg odalesz a gyerek, addig mindig egy olyan korásut[1] helyette, amék[2] az ű dolgát el tudja végezni.

A tanító elcsüggedt.

— Azt nem lehet, öregem.

—Máskép pedig nincs vásár . . . Az urak elveszik a pénzünket, a fődünket,[3] még a levegőt is, most meg már a gyerekünk javát is? Mer magunknak se kell, aki nem jó. Maguk is csak a legjavát szedik ki . . . Hát, ha szaporítani akarják az úri rendet, fizessék meg . . .

És a tanító ezzel a kristálytiszta okoskodással nem tudott megbirkózni.

(*Komor ló*, 1936)

[1] 'Of the same age.'
[2] =*amely* (*ik*).
[3] =*földünket*.

Gyula Juhasz
(1883-1937)

Tiszai csönd

Hálót fon az est, a nagy, barna pók,
Nem mozdulnak a tiszai hajók.

Egyiken távol harmonika szól,
Tücsök felel rá csöndben valahol.

Az égi rónán ballag már a hold:
Ezüstösek a tiszai hajók.

Tüzeket raknak az égi tanyák,
Hallgatják halkan a harmonikát.

Magam a parton egymagam vagyok,
Tiszai hajók, néma társatok!

Ma nem üzennek hívó távolok,
Ma kikötöttünk itthon, álmodok!

(*Új versek*, 1914)

Gyászinduló

Vigyétek őt zenével és babérral,
Esett hős, ó de harcban elesett.
Küzdőtt magánnyal, kórral és magával,
De ködön át kereste az eget,

S bár önmagát és éltét nem találta,
Kereste mégis és keresni szép.
Temessétek mellé kora halála
Borus okát: derékon tört hitét.

Talán kihajt[1] az áldott anyasírból,
Jövőbe nő, piros lesz és meleg
S kijönnek hozzá az új emberek

S szívükre tűzve vígan, bízva bízón[2]
Indulnak új harcokra, ifjú hévvel.
Vigyétek őt babérral és zenével!

(*Nefelejcs*, 1921)

Tápai lagzi[3]

Brummog a bőgő, jaj, be furcsa hang,
Beléje kondul a repedt harang,
Kutyák vonítanak a holdra fel,
A túlsó parton varjúraj felel.

[1] 'Send out shoots.'
[2] Emphatic repetition.
[3] *Tápé*, a place-name; *lagzi* = *lakodalom*.

Brummog a bőgő, asszony lett a lány,
Az élet itt nem móka s nem talány,
A bort megisszák, asszonyt megverik
És izzadnak reggeltől estelig.

De télen, télen a világ megáll
És végtelen nagy esték csöndje vár,
Az ember medve, alszik és morog.
Benn emberek és künn komondorok.

Brummog a bőgő, elhervad a hold,
Fenékig issza a vőfély a bort,
Már szürkül lassan a ködös határ,
És a határban[1] a Halál kaszál . . .

(*Testamentom*, 1925)

[1] 'District.'

Mihály Babits
(1883-1941)

Itália

Itália! tudom városaid csodálni,
hol dús sikátoron vidám nép bizsereg.
Lázas az ily szük út, mint testben kék erek,
s nemes, habár hanyag, szennyében is királyi.

Vonzanak íveid s tűnt fényed palotái,
árkádok, oszlopok,[1] a sugaras terek,
hol elszédülnek az ideges emberek;
vonzanak a sötét toronylépcsők csigái.

De nem kékebb eged és a dombod se zöldebb,
mint honni[2] dombjaink s a dunántúli[3] ég,
e gömbölyű, szelid, szinjátszó kék vidék.

S olasz szív nem lehet emlékektől[4] gyötörtebb
a vén boltok alatt, az ősök piacán,
mint én, ha földeden bolyongok, bús hazám!

(*Levelek Irisz koszorújából*, 1902–8)

[1] According to some versions *árkádod, oszlopod.*
[2] I.e. *hazai.*
[3] 'Transdanubian.'
[4] With *gyötörtebb.*

Paysages intimes

2. *Tavasz előtt*

A fák az égre nyujtják mezítlen karjukat,
„Ruházzatok fel minket!" kérik a mennyeket,
„Adjatok bő ruhának lobogó lombokat,
húzzatok ujjainkra zöld selyem kesztyüket."

A domb görbítve hátát sütkérez a napon
és szól: „Tavaszi tarka ruhámat megkapom,
zöld bársony lesz a vállam, tollas a kalapom,
virágos fák tollával tollas a kalapom."

A fázós öreg föld is új ruhájára vár
s fázón röpül az űrben, mint egy vedlett madár,
szeretne napanyjához közelebb szállni már
s meleg ölébe bújni, mint egy vedlett madár.

(*Herceg, hátha megjön a tél is!*, 1909–11)

Esti megérkezés

Az esti sötét
halk mezei lelkét
a mohó kilométerek
bús messzibe nyelték.
Kocsim ablakait most
veri a fény,
két sorban a lámpák
jönnek elém.

Tépett takaró lett
már a sötétből;
csak az ég, a nagy ég
fut velem a rétről;
kiejtik az utcán
a csönd mezei
csokrát a kiránduló
fáradt kezei.

De harsan a lángok
lármája, a lámpák
csillámа szemembe
csengeti lángját.
Máshol az éjszaka
csendje halálos:
itt villan a villany
és villog a város.

Idelenn a város
villanya villog,
de fenn a nagy ég
száz csillaga csillog:
a villany a földi,
a csillag az égi,
a villany az új,
a csillag a régi.

Ádáz kutyám

Ádáz[1] kutyám, itt heversz mellettem.
Amióta a gazdád én lettem,
ez a hely a legjobb hely tenéked:
nem érhet itt semmi baj se téged.
Rajtam csügg a szemed, hív imádás
együgyű szálán csügg, boldog Ádáz.

Mert boldog ki jámborul heverhet
valami nagy, jó hatalom mellett.
S te jámbor vagy, bár olykor asszonykád
bosszújára magrablod a konyhát
s csirkét hajszolsz vadul a salátás
ágyakon át: jámbor, noha — Ádáz.

Elcsavarogsz néha messze innen,
el is tévedsz kóbor hegyeinkben;
avagy titkos kalandjaid vannak.
Ág tép, gonosz ebek rádrohannak,
zápor is lep, szőröd-bőröd átáz:
ázva, tépve jössz vissza, kis Ádáz.

[1] 'Grim, savage'; hence the word-play in stanza 2.

Visszajössz, mert ugyan hova mennél?
Hol lehetne egyéb helyed ennél?
Szimatokból ezer láthatatlan
ösvény vezet téged mindenhonnan
hívebben, mint bennünket a látás:
minden ösvény *ide* vezet, Ádáz!

Tudod, hogy itt valaki hatalmas
gondol veled, büntet és irgalmaz,
gyötör olykor, simogat vagy játszik,
hol apádnak, hol kínzódnak látszik:
de te bízol benne. Bölcs belátás,
bízni abban, kit nem értünk, Ádáz.

Óh, bár ahogy te pihensz lábamnál,
bizalommal tudnék én is Annál
megpihenni, aki *velem* játszik,
hol apámnak, hol kínzómnak látszik,
égi gazda, bosszú, megbocsátás,
s úgy nem értem, mint te engem, Ádáz!

(*Sziget és tenger*, 1921–4)

Karácsonyi lábadozás

Komisz, kemény idő. Még a vér is megfagy
állatban, emberben.
Öregek mondják, hogy ritkán láttak ily nagy
telet decemberben.
A hó szönyegébe puhán süpped a láb,
mintha dunyhán menne.
Hejh, ha a hó cukor volna, ez a világ
milyen édes lenne! . . .

A kis nyugtalan nő, ki a friss hegypályát
  futja hótalpakon,
akármennyit zuhan, puha combocskáját
  nem üti meg nagyon.
És az állástalan szegény ember, aki
  nem mer még meghalni,
örül hogy reggeltől estig szabad neki
  havat lapátolni.

Végig a városon nem csilingel a szán,
  mint gyerekkoromba.
Nem gőzölög a hó fázó lovak hátán.
  A kocsit gép vonja.
Angyalok elszálló csengője se csenget
  a fehér utcákon.
Jézuska pénzért jő, s karácsonyfát rendez
  gazdagok házában.

Nem édes a világ, de mégis szép látni . . .
  És én már gyógyulok . . .
Csupa szomj vagyok már, mindenre kiváncsi;
  mindent elgondolok . . .
Minden éget már hogy lássam is, hogy nézzem . . .
  Tapintom tagjaim . . .
Én nem vagyok halott, én mindent tuléltem,
  s vár a fény odakinn . . .

Oh kedvesem, aki annyi rémtől védtél,
  jere, add kezedet:
a fagyba, hidegbe, már nem rémít a tél,
  vezess ki engemet!
Nem édes a föld, de mégis szép a hótul.[1]
  Én megyek . . . indulok . . .
s azt gondolom, hogy a világ is meggyógyul,
  ha én meggyógyulok.

[1] =*hótól.*

(*Újabb versek*, 1934–7)

Dezső Kosztolányi
(1885-1936)

Kip-kop köveznek

Kip-kop köveznek. Itt van a tavasz.
Hajnalba száz kalapács zaja ébreszt.
Én hallgatom ágyamból a zenés neszt.
Mily csiklandó és édes és ravasz.
Tavasz, tavasz. Az utcánkat javítják.
Mostan fölajzzuk a csigát, parittyát.
Tavasz. Libeg az udvarunk egén fönt
a sárga, kék és rózsaszínű léggömb.
Kip-kop, zene az élet, muzsika,
láng ég a fákon, a bokor zöld oltár.
Mostan miséznek a kis madarak
és a szobákban is ezer titok vár.
Dal zeng, ha megütöm a képet, asztalt,
zenél az élet, a cipőm, az aszfalt.
Most mint a léggömb szállani szeretnék.
Mily csiklandó és édes és ravasz
a zöldbe bújni s enni a cseresznyét.
Cseresznyepiros, zöldarany tavasz.

(*A szegény kisgyermek panaszai*, 1910)

Ó én szeretem

Ó én szeretem a bús pesti népet,
mely a Külső-Józsefvárosba[1] tépett
ruhákba jár vasárnap délután

és ámolyogva,[2] szédelegve hallja,
hogy döng a tükrös kávéházak alja
s a mozi-reklámokra néz tunyán.

Sokszor úgy érzem, szinte-szinte vétek,
hogy csöndben élek, nem nézek felétek,
s az álmok lenge fodrát fodrozom.

Ilyenkor aztán, elhagyott vasárnap,
kis görbe közein[3] a téli sárnak
vezeklőn járok, az utcátokon.

Itt élnek ők, a kedveskék, e járdán,
letaposott cipősarokkal, árván,
kávémérésbe bújva hallgatag.

Éhes leányaik, kiket szeretnek,
kopott árvácskák, fáradt, vézna szentek,
gázláng alatt sötéten állanak.

Ki nézte meg, mit rejt szobájuk árnya?
Ki leste meg, van-e ágyukba párna?
Ki látta, hogy mi a bús, pesti nép?

Én láttam a munkást és lázra bújtott,[4]
sápadt arcát, hogy rossz szivarra gyújtott,
én láttam a föld vérező szívét.

[1] A suburb of Pest.
[2] 'Gaping.'
[3] 'Lanes.'
[4] Past participle with *arcát*.

Bármerre mennék, ide visszatérnék,
bármerre szállnék, átkozott, szegény nép,
a gondodat kiáltaná a szám,

mert bánatkővel van utcád kirakva,
szemed a bánat végtelen patakja
s jaj, ez a föld, e bús föld a hazám.

(*A bús férfi panaszai*, 1924)

Ilona[1]

Lenge lány,
aki sző,
holdvilág
mosolya:
ezt mondja
a neved,
Ilona,
Ilona.

Lelkembe
hallgatag
dalolom,
lallala,
dajkálom
a neved
lallázva,
Ilona.

Minthogyha
a fülem
szellőket
hallana,
sellőket,
lelkeket
lengeni,
Ilona.

Müezzin
zümmög így:
„La illah
il' Allah",
mint ahogy
zengem én,
Ilona,
Ilona.

[1] A poem of sound and rhythm.

Arra hol
feltün és
eltün a
fény hona,
fény felé,
éj felé,
Ilona,
Ilona.

Balgatag
álmaim
elzilált
lim-loma,
távoli,
szellemi
lant-zene,
Ilona.

Ó az *i*
kelleme,
ó az *l*
dallama,
mint ódon
ballada,
úgy sóhajt
Ilona.

Csupa *l*,
csupa *i*,
csupa *o*,
csupa *a*,
csupa tej,
csupa kéj,
csupa jaj,
Ilona.

És nekem
szín is ez,
halovány
kék-lila,
halovány
anilin,
ibolya,
Ilona.

Vigasság,
fájdalom,
nem múlik
el soha
s balzsam is
mennyei
lanolin,
Ilona.

Elmúló
életem
hajnala,
alkonya,
halkuló,
nem múló,
hallali,
Ilona.

Lankatag
angyalok
aléló
sikolya.
Ilona,
Ilona,
Ilona,
Ilona.

Már megtanultam[1]

Már megtanultam nem be-
 szélni,
egy ágyba hálni a közöny-
 nyel,
dermedten, élet nélkül élni,
nevetni két szemembe
 könnyel.

Tudok köszönni ostobák-
 nak,
bókolni is, őrjöngve, dúltan,
hajrázni, ha fejemre hág-
 nak.
Az életet én megtanultam.

Csak oly unott ne volna
 minden,
a jó, a rossz, amit a sors
 hoz.
Ennen[2]-sebem is úgy tekin-
 tem,
akár egy esetét az orvos.

Mindazt, mi fáj és van,
 megértem.
Nekem jutalmat hát ki
 adhat?
Nem zöld kölyök vagyok.
 Megértem:
Halál, fogadj el[3] a fiadnak.

(*Számadás*, 1935)

Gólyák[4]

Amikor fölkerültem Pestre s beiratkoztam a bölcsészeti karra, — beszélte Esti Kornél — egy földimmel[5] vettem ki hónapos szobát, egy jogásszal, akihez semmi egyéb kapocs nem fűzött, minthogy történetesen abban a városban született, amelyikben én, meg az, hogy szintén elsőéves volt, éppoly gyámoltalan, esetlen gólya, mint magam.

[1] The poet had been fighting a losing battle with cancer of the throat since 1933.
[2] = *az én*.
[3] The implied object is *engem*.
[4] 'Freshers.'
[5] 'Compatriot.'

Mi vidékiek akkor lehetőleg egy városnegyedben, egy háztömbben, egy bérkaszárnyában laktunk. Itt holmi sötét, barbár szövetséget kötöttünk a „pestiek" ellen, akikről minden gazságot eleve föltételeztünk.

Különösen a házmesterekre haragudtunk, akik este tíz óra után kapupénzt szedtek s a lakásadónőkre,[1] akik a hó elsején a rendelkezésünkre bocsátott szobák használata ellenében — nyilván aljas haszonlesésből — pontosan megkövetelték, hogy az értük kialkudott koronákat megfizessük. Általában meg voltunk győződve, hogy a pestiek, ahol csak tehetik, becsapnak, „léprecsalnak",[2] kiszipolyoznak bennünket. Szóval: „összetartottunk".

Künn az utcán, ahol annyi félelmetesen vágtató egyfogatú[3] volt, társzekér, kerékpár' és ismeretlen irányba haladó villamos, szintén együtt jártunk - keltünk. Az egyetemen, előadások után szintén megvártuk egymást. Együtt mentünk ebédelni abba a diákvendéglőbe, hol negyven fillérért három fogást kaptunk, roppant keveset, viszont „szabad" kenyér volt, puha, szalmaízű, savanyú fehérkenyér, abból levághattunk hét-nyolc darabot is, három-négy pohár vizet ittunk rá s attól az élesztős anyag úgy megdagadt gyomrunkban, hogy többé semmiféle éhséget nem éreztünk s másnap délig nyugodtan tekinthettünk az események elé.

Ebben az első időben, vagy a lakótársam várt meg az egyetemen, vagy én őt. Vele ballagtam a ferencvá osi utcákon abba a vendéglőbe, melynek ételbűze m is visszakísért álmaimban.

— Csak egy pillanatra — mondta ilyenkor és eltűn

Csakhamar felötlött nekem, hogy a jogász a ve ég-lőbe jövet[4] megáll az utca közepén s beugrik eg kis divatárusboltba.

[1] *Lakás/adó/nők-re.*
[2] 'Lay snares.'
[3] 'One-horse cab.'
[4] 'On his way.'

De nem egy pillanatig kellett rá várakoznom, hanem gyakran öt-tíz percig is.

Minthogy ez ismétlődött s — amint később megállapítottam — cimborám minden áldott nap megállt ezen az utcán és beosont ebbe a divatárusboltba, vallatóra fogtam:

— Mondd, mi a fenét csinálsz te itt?

— Semmit — vetette oda. — Azaz vettem valamit.

— Mit?

— Egy inggombot.

— Egyet?

— Egyet.

— Mindennap egy inggombot veszel?

— Igen.

— Te marha — szóltam barátilag. — Hát miért nem vásárolsz mindjárt egy tucatot? Vagy azt hiszed, hogy az inggomb olyan, mint a vaj s csak úgy jó, ha friss? Nem romlik az meg. Próbáld meg. Eláll.

— Néha egyebet is veszek — mondta alamuszian. — Egy gallért. Egy nyakkendőcsiptetőt is. Mindennap valamit.

— Nem értem.

— Nézd — szólt rejtélyes mosollyal. — Megmagyarázom neked. Gyere ide.

Odavont a kirakat elé. Rámutatott egy fehér kartonlapra. Azon tussal ez volt kirajzolva: ‚*Ici on parle français.*'

— Ezért járok ide — tette hozzá.

— Ezért? — ámuldoztam.

— Még mindig nem érted, te ló?

— Nem én.

— Franciául beszélgetek.

— Kivel?

— A segéddel.

— A segéddel?

— Azzal hát. Van itt egy segéd. Az tud franciául. Vele parlirozok.[1]

— Miért?

— Hogy gyakoroljam magam. Amikor feljöttem, az öregem szívemre kötötte, hogy ne hanyagoljam el a franciát. A reálból[2] még tudok valamit. Nem akarom, hogy azt a keveset is elfelejtsem.

— És nem röstelsz[3] ezért idejárni?

— Kérlek, venni úgyis kell ezt-azt. Én beosztom. Apródonként vásárolok. Így legalább ingyen van a francia lecke.

— Na hallod — csodálkoztam s közben arra gondoltam, hogy ilyen az egész pereputtya, az apja is, az anyja is, aki kétszer főzi ki a levesbe való köménymagot.

Folytattam.

— Aztán legalább jól beszél franciául az a segéd?

— Jól—mondta. — Kitűnően.

— És miről társalogtok?

— Miről? — vállat vont. — Ami előfordul. „Jó napot, uram." „Ma nagyon meleg van, uram." „Ma nagyon hideg van, uram." „Egy inggombot kérek." „Egy nyakkendőcsiptetőt kérek." Vagyis mindenről, ami szükséges a társadalmi érintkezésben.

— Érdekes — dünnyögtem. — Csak az a baj, hogy rövid ideig tart. Meddig? Öt percig, tíz percig. Nekem ugyan elég hosszú, aki itt künn várlak, különösen, hogyha ilyen kutyául fúj a szél, mint ma, de módszeres kiképzésnek mégis rövid. Nem gondolod?

— Vedd azonban figyelembe, hogy én, mióta fönn vagyok, három hete, — ünnep- és vasárnapokat kivéve — egyetlen napot se mulasztottam el. Mindennap öt vagy tíz perc. Sok kicsi sokra megy.

— Ez igaz.

[1] An obvious French borrowing. [2] =*reáliskolából*. [3] =*restelsz*.

— És máris szép haladást tettem, pajtás. Kiszámítottam, hogyha négy évig, amíg az egyetemre járok, követem ezt a módszert, ez fölér egy párizsi tanulmányúttal. Tökéletes francia leszek, pajtás. Egy krajcár külön kiadás nélkül, pajtás.

E vallomás alatt sikerült megőriznem komolyságom, annyival is inkább, mert most már hüledeztem, hogy micsoda csodabogarak élnek ezen a földön s mennyire nem ismerem ezt az alakot, akit eddig, ha nem is lángelmének, de egészséges tökfilkónak tartottam.

Bevallom, ettől fogva engem is izgatott a divatárusbolt. Valahányszor elhaladtam mellette, be-bepislantottam. Fúrta az oldalam, hogy ki lehet az a csodálatos segéd, aki mestere a lakótársamnak.

Egy napon, mikor nélküle mentem a diákvendéglőbe, benyitottam.

Öreg, fanyar kereskedő állt a boltasztalnál, fekete házisapkában.

— Mi tetszik? — mordult rám ridegen, mint afféle tízenkilenc éves lurkóra szokás.

— Egy inggombot — hebegtem.

— Elém lökött néhány olcsó rézgombot. Amig turkáltam közöttük, megkockáztattam a kérdést:

— Beszél itt valaki franciául?

— Franciául? — szólt az öreg s szeme fölcsillant. — Hogyne, kérem, hogyne. Béla — kiáltott s a tenyerébe csapott. — Gyere csak ide. Az úr franciául akar beszélni.

Sovány, szőke fiatalember sompolygott elő a mellékhelyiségből. Nem idősebb, mint mi. Úgy tizenkilenchúszéves.

— Ön francia? — kérdezte tőlem magyarul.

— Nem — válaszoltam szintén magyarul. — Én nem vagyok kérném francia. Csak érdeklődni bátorkodom. Ön beszél franciául?

— *Oui* — mondta halkan, a fejét kissé elfordítva. — *Je parle un peu* — de oly bizonytalanul és alázatosan, hogy ez körülbelül csak ennyit jelentett: „Irgalom."

—Külföldön tetszett tanulni?

— Ó, dehogy, — rebegte — csak itt a reálban. Tavaly érettségiztem. Néhány szó rám ragadt az iskolában. A papa — mondta s a feketesipkás öregúrra pillantott — jövőre ki akar küldeni. Addig is azt szeretné, hogy itt az üzletben gyakoroljam. Ezért akasztottuk ki a táblát. Ha esetleg elvetődik ide egy-egy francia . . .

— Persze errefelé nemigen járnak.

— Azt nem mondhatnám. A nyáron is — ugye papa? — bejött két párizsi. Kesztyűt vettek. Természetesen az igazi franciákat nemigen lehet megérteni. Azoknak olyan furcsa, hanyag kiejtésük van. Nem olyan mint Bokross tanár úrnak a reálban. Mindig hadarnak. De azért mások is bejönnek s franciául beszélnek. Például egy fiatalember.

— Kicsoda?

— Egy vevőnk. Az naponta bejár s csak franciául érintkezik. Ha jön, a papa mindig engem hív.

— Talán ez is párizsi?

— Lehet. Nincs kizárva. De inkább azt gondolom, hogy svájci. Vagy belga. Másféle kiejtése van. Eleinte őt is nehezen értettem meg. Amikor inggombot kért, cipőhúzót mutattam neki. Ő tudniillik többnyire inggombot vesz. De most már folyékonyan beszélgetünk. Tőle tanulok. Úgyszólván mindent tőle tanultam. Csak gyakorolni kell. „Gyakorlat teszi a mestert."

— Hát — szóltam tűnődve — fizetek.

— Mit szabad számítanom?

— Egy inggombom volt.

— Csak egy darab? — kérdezte s gyanakodva sandított felém.

— Csak egy darab.
Átvette a pénzt. Kikísért az ajtóig.
Ott bizalmasan a fülembe súgta:
— *Au revoir, Monsieur.*

(*Tengerszem*, 1936)

Árpád Tóth
(1886-1928)

Láng

Eldobtam egy gyufát s
legott
Hetyke lobogásba fogott,
Lábhegyre[1] állt a kis nyu-
lánk,
Hegyes sipkáju sárga láng,
Vigat nyujtózott, furcsa
törpe,
Izgett-mozgott, előre, körbe,
Lengett, táncolt, a zöldbe
mart,
Nyilván pompás tűzvészt
akart,
Piros csodát, izzó leget,
Égő erdőt, kigyúlt eget;

De gőggel álltak fenn a fák
És mosolygott minden
virág,
Nem rezzent senki fel a
vészre,
A száraz fű se vette észre,
S a lázas törpe láng lehűlt,
Elfáradt és a földre űlt,
Lobbant még egy-kettőt
szegény
S meghalt a moha szönye-
gén.

Nem látta senki más, csak
én.

(*Az öröm illan*, 1921)

[1] 'On tiptoe.'

Körúti hajnal

Vak volt a hajnal, szennyes, szürke. Még
Üveges szemmel aludtak a boltok
S lomhán söpörtek a vad kővidék
Felvert porában az álmos vicék,[1]
Mint lassú dsinnek, rosszkedvű koboldok.

Egyszerre két tűzfal között kigyúlt
A keleti ég váratlan zsarátja:[2]
Minden üvegre száz napocska hullt
S az aszfalt szennyén szerteszét gurúlt
A Végtelen Fény milliom karátja.

Bűvölten állt az utca. Egy sovány
Akác részegen szítta be a drága
Napfényt és zöld kontyában tétován
Rezdült meg csüggeteg és halovány
Tavaszi kincse: egy-két fürt virága.

A Fénynek földi hang még nem felelt,
Csak a színek víg pacsirtái zengtek:
Egy kirakatban lila dalra kelt
Egy nyakkendő: de aztán tompa, telt
Hangon a harangok is felmerengtek.

Bús gyársziréna búgott, majd kopott
Sínjén villamos jajdult ki a térre:
Nappal lett, indult a józan robot,
S már nem látták, a Nap még mint dobott
Arany csókot egy munkáslány kezére . . .

(1923)

[1] =*vice/házmesterek.*
[2] 'Embers.'

Jó éjszakát!

Falon az inga lassú fénye villan,
Oly tétován jár, szinte arra vár,
Hogy ágyam mellett kattanjon a villany
S a sötétben majd boldogan megáll.
Pihenjünk. Az álomba merülőnek
Jó dolga van. Megenyhül a robot,
Mintahogy szépen súlya vész a kőnek,
Mit kegyes kéz a mély vízbe dobott.

Pihenjünk. Takarómon pár papírlap.
Elakadt sorok. Társtalan rimek.
Megsimogatom őket halkan: írjak?
És kicsit fájón sóhajtom: minek?
Minek a lélek balga fényüzése?
Aludjunk. Másra kell ideg s velő.
Józan dologra. Friss tülekedésre.
És rossz robotos a későnkelő.

Mi haszna, hogy papírt már jó egypárat
Beírtam? Bolygott rajtuk bús kezem,
A tollra dőlve, mint botra a fáradt
Vándor, ki havas pusztákon megyen.[1]
Mi haszna? A sok téveteg[2] barázdán
Hová jutottam? És ki jött velem?
Szelid dalom lenézi a garázdán
Káromkodó és nyers dalú jelen.

Majd egyszer . . . Persze . . . Máskor . . .
    Szebb időkben . . .
Tik-tak . . . Ketyegj, vén, jó költő-vigasz,

[1] = *megy*.   [2] 'Wandering.'

Majd jő a kor, amelynek visszadöbben
Felénk szíve . . . Tik-tak . . . Igaz . . . Igaz . . .
Falon az inga lassú fénye villan,
Aludjunk vagy száz évet csöndben át . . .
Ágyam mellett elkattantom a villanyt.
Versek . . . bolondság . . . szép jó éjszakát!

(1924)

Lajos Kassák
(born 1887)

A gyár

Hétfőn bementem a gyárba, a hidászokhoz osztották be. Nekem idegen s embertelenül nehéz munka volt ez.

Még soha nem voltam egy gyár belsejében, csak a hírét hallottam: nagy, hatalmas és borzalmas. De távolról sem tudtam elképzelni olyannak, mint ahogy ez a valóságban előttem állt, jobban mondva körülöttem, alattam és fölöttem nyüzsgött, zúgott, dohogott és élt minden porcikájában külön és az én részemre szinte fölfoghatatlan egészben. Vagy százunkat vettek föl egyszerre, erős, nagydarab embereket, sovány, kiéhezett roncsokat, lármás kamaszokat jó ruhákban és rossz ruhákban, mint ahogyan a szegénység ideöntött bennünket. Mikor a felvételi irodából kijöttünk, az asszonyok és kereskedők városa helyett, amit eddig Győrből ismertem, most a munka városában találtam magam.

Az irodában mindenki kapott egy cédulát s most ezek szerint elosztottak bennünket. Én messze-messze, a gyár végébe kerültem. Nem műhely volt a hidászok osztálya, a szabad térben dolgoztak az emberek vörös tábori fujtatók mellett, hatalmas vastraverzeken, eldűlt és ingadozó oszlopok között. Csak a tér közepén állt egy pajtaszerű vasszerkezet, itt a finom munkások dolgoztak, de ennek az épületnek szabad volt a négy oldala s csak annyiban különbözött a többi helytől, hogy be volt tetőzve.

Egy magas vöröshajú munkavezetőhöz kerültem.

— Hej, öcsém, itt magából sose lesz rózsafa! — mondta, mikor látott. — Mért nem maradt még kicsit az édesanyja mellett?

Nem válaszoltam, hiszen azt sem tudtam, hogy valóban itt állok-e ez előtt a vörös ember előtt. Csodálkozva láttam az egyik vasdarut, amint egész vagonnyi lemezzel forgott el a fejünk fölött.

A munkavezető kiabálta:

— Vigye valaki maga mellé ezt a fiatalembert!

Belekapcsolódtam az üzembe, amit még mindig csak szörnyűséges zürzavarnak láttam. Aztán éreztem, ahogy lassan elveszítem magam és forgó, mozgó, verítékező részévé válok valaminek.

Valaki parancsolta:

— Álljon oda a kohóhoz, a meleg szögecseket fogja hordani!

Délig megállás nélkül szaladgáltam a kohótól a szögecselőkig és vissza. Délután észrevettem, hogy buta, elégtelen munka ez az én részemre s megmondtam, hogy tegyenek máshová, mert én nem napszámos, hanem lakatos vagyok.

Nevettek a szavaim fölött:

— Hiszen csak kíméletből tettük oda, de lássuk, mit tud egyebet.

A ráverőkhöz[1] kerültem. Egy próbára összeállítandó híd oldalíven dolgoztunk. Néhány méterre a földtől szétvetett lábakkal két traverzen álltam. A súlyos kalapács majd elrepült velem, valahányszor felemeltem. És estig sokszor, nagyon sokszor kellett ezt a nehéz dolgot felemelnem, hogy lefejezhessem vele a szöget, ami újra meg újra ott meredezett előttem a megfúrt lemezben. Alig tartottunk valami pihenőt, éppen csak ha a szögecsek nem érkeztek meg elég gyorsan. A szomszédaim sokkal könny-

[1] I.e. the actual riveters.

ebben verekedtek meg ezzel a baromi munkával, gondoltam, ezt is csak meg kell szokni.

A dudálás előtt öt perccel letettük a szerszámot és egy bádogvályúban megmosakodtunk. Alig álltam a lábaimon, kegyetlenül fájtak a talpaim. A többi munkások gondtalanul beszélgettek.

Az ezernyi ember lökdösődve, egymást előzgetve tolakodtak ki a föltárt kapun.

— No gyerek, hát hogyan ízlik a dolog? — kérdezte otthon az unokabátyám.

— Jó lenne, — mondtam, — csak egy kicsit unalmas.

— No, majd csak beleszoksz. Festegetni képeket, azt elhiszem, valamivel könnyebb.

Nem volt kedvem hozzá, hogy feleseljek. A fejem még most is tele volt az őrült zuholással,[1] csikorgással és emberi lármával, az asztal körül beszélgetők hangja csak úgy kívülről ment volna el a fülem mellett.

Az öregasszony határozottan sajnálkozott rajtam.

De ki gondolta volna azt, mi lesz velem éjszakára. Alig hogy letettem magam a szalmazsákra, lassú zsibongással, nehéz kegyetlen fájás kezdte ellepni a tagjaimat. Nem tudtam, mi történt velem. Az unokabátyám már horkolt mellettem, amennyire lehetett, elhúzódtam tőle. Uramisten, gondoltam megrémülten, valami történt velem. Talán kolerát kaptam, vagy ilyesvalamit.

— Ne nyöszörögj, te kölyök, mert kidoblak, — morogta az unokabátyám félig álmából s még jobban a falhoz nyomott.

— Fönt vagy? — súgtam, — Majd meghalok. Talán kolerát kaptam.

Nem válaszolt. Egyet mozdult s lehet, hogy akaratlanul tette, belémrúgott.

A fájdalomtól hangosan felkiáltottam.

[1] 'Commotion.'

— Mi az? — riadt föl az asztalos is.
— Ez a kölyök itt.
— Talán kolerát kaptam, — nyöszörögtem újra.
— Kuss! — morogta az asztalos.
A József is fönt volt már s álmosan nevetett.
— Hagyjátok, biztosan izomláza van a gyereknek. Csak aludjon, holnap minden jó lesz.
— Fessen képecskéket, ha meg akar halni, — dünnyögte az asztalos mégegyszer.
Aztán csönd lett.
Már hallottam valamit az izomlázról s kissé megnyugodtam. De a fájdalom nem akart csillapulni. Mintha minden izmom meg akart volna szakadni, mintha a hús is le akart volna válni a csontjaimról.
Alig vánszorogtam be a gyárba, de ahogy munkához kezdtem, elmúltak a fájások s csak estére jelentkeztek újból. Három éjszaka kínozott a láz, aztán egyszerre megnyugodtam. Beletörődtem az embertelen robotba. Fölébredt bennem a régi munkakedvem, szeretetem a mesterségem iránt, bárha ez a munka egyáltalán nem olyan volt, ami engem kielégíthetett volna. A mérnök, aki a hidat tervezte, az örülhetett a munkájának. Az épülő híd valóban szép és hatalmas szerkezet volt, de a mi munkánk csak otromba kopácsolás, fárasztó robotolás volt rajta.
Ha valami újabb anyagra vagy szerszámra volt szükségünk, akkor én hoztam el az irodából, vagy raktárból. Ilyenkor végig kellett mennem a gyárudvaron, az esztergályosok és kovácsok műhelyén. Ami rendkívülien, nagyszerűen élt az én fantáziámban a gyárról, aminek a megismerése után gyermekkorom óta vágyakoztam, most itt volt előttem. Megint éreztem, a magasabbrendű munka jó, szép, az embert kielégítő valami.
Az esztergályosok terme tisztaságában és világossá-

gában inkább valami óriási templomhoz, mint az általam eddig ismert műhelyekhez hasonlított. A tető két vasoszlopsoron feküdt, az épület négy fala csupa üveg volt, ablak ablak mellett, a magasban búgtak és morogtak a transzmissziók,[1] a szíjak leszaladtak a padokhoz és forgott és búgott minden, mint valami óriás óraszerkezet. Az emberek felgyürkőzötten s valami nyugalmas fölényben álltak és járkáltak a padok között. Nem napszámosai voltak ők a munkának, hanem irányító, parancsoló urai a gépeknek. Igen, így igen — gondoltam — a nyers vasból, a kemény acélból, a csillogó rézből kerekeket, csapágyakat és szelepeket esztergályozni. De hol vagyunk ezektől mi, hidászok, mint a tehetetlen tetvek,[2] mászkálunk a hatalmas szerkezeteken, törjük magunkat és verítékezünk és estére fáradtak és tehetetlenek leszünk, mint a legyilkoltak.[3]

Ebből a hűvös, tiszta csarnokból mentem át a kovácsok műhelyébe. Még ilyesmit se láttam soha. Hosszú és alacsony, kibírhatatlanul forró és füsttel telített barlang volt ez, a gerendákról piszkos és pókhálós villanylámpák csüngtek alá, a kemencék kinyitott száján kicsillagzott a megfehéredett vas és világított a mély izzás és úgy látszott, mingyárt kijön a tűz, hogy elemésszе a világot. Az embereknek csak egy kis rongydarab volt az ágyékukra kötve, mezítelenül dolgoztak. Feketék voltak, mint az ördögök és ők is uralkodtak a dolgok fölött, mint a királyok és hajcsárok. Ha csak átmentem a műhelyen, középütt, távol a megpoklosodott[4] kemencéktől, mellem zihált a levegőhiánytól és csurgott rólam a gyöngeség verítéke. S ezek a meztelen fekete emberek reggeltől estig éveken át

[1] 'Transmission shafts.'
[2] From *tetű*.
[3] Past participle (pl.) used as a noun.
[4] 'Leprous.'

itt éltek a kemencék, a tűz, a felizzott vas és a hatalmas emelőrudak testvérségében. Ezek az eleven szerkezetek kiemeltek a vasat a kemencékből s csikordulás nélkül hurcolták a gőzkalapácsok alá, hogy ott oszlopokká, tengelyekké s egyebekké alakuljanak át. A kovácsok ott álltak az emeltyűk előtt s egy kis kézrándítással irányították a darut és a kalapácsokat. A föld remegett az ütések alatt s az emberek szájában nyugodtan ült a pipa.

(*Egy ember élete: II*, *Kamaszévek*, 1927–35)

Frigyes Karinthy
(1887-1938)

A FORRADALMI MOZGALOM LÉLEKTANA[1]
vagy
TŐKEMATERIALIZMUS ÉS PROLETÁRVÁLSÁG
vagy
A FELSŐ RÉTEGEK ÉS A TÖMEGLÉLEK SURLÓDÁSÁNAK PSZICHOFIZIKÁJA

(Kimerítő elvi tanulmány a társadalmi küzdelmek okairól, Marx es Engels alapvető műveinek történeti materialisztikus alapon való felhasználásával, szemléltető előadásban, két kötetben.)

Első kötet

Dr. Ugyanaz (kezével a villamoskocsi feljárójának fogantyújába, lábával abba a táblába kapaszkodva, melyen a „Megtelt" felírás jelzi, hogy még legfeljebb csak huszonöten szállhatnak fel, homlokát nekifeszítve a perrón állásai előtt heverő összenyomott hullák ezreinek): Micsoda beszéd az, hogy már nincs hely? De mennyire van hely, csak tessék egy kicsit összébbszorulni! Disznóság, hogy az embert nem hagyják felszállni — nekem épp annyi jogom van felszállani, mint maguknak, akik már fent vannak! Nagyon sajnálom, hogy ráléptem a kezére az úrnak,

[1] A deliberate parody of the involved, pseudo-philosophical style of Marxist textbooks.

háború van! Ha nem megy másképpen, majd erőszakkal szerezzük meg magunknak a jogainkat — ha a vezetőség eltűri, hogy egyik ember felszállhasson, másik meg nem — hát akkor majd csinálunk mi rendet! Mit gondol, nekem nincs éppen olyan sürgős dolgom, mint magának? Hogy maga még az előbbi állomáson szállt fel? Bánom is én! Éppen eleget utazott akkor! Lárifári! Szálljon le! Nekem dumálhat az úr — itt nem arról van szó, hogy ki áll ott régebben vagy nem régebben, nem tudni kinek a korrupt protekciója révén — hanem arról, hogy kinek van tehetsége, meg ereje hozzá, hogy ott álljon! Félre az utamból! Le a kocsivezetővel! Le a hájasokkal! Éljen a forradalom! Utánam! ... (Egy ellenállhatatlan rohammal felnyomakszik a perrónra. A kocsi megindul.)

Második kötet

Dr. Ugyanaz (a következő állomáson, kiállva a perrón lépcsője elé, szavait a feltolakodó tömeghez intézve): De uraim ! ! ... Uraim ! ! ... Az istenért, hát nem látják, hogy már nincsen hely? ... Hiszen leszakad a perrón — hát ne tolakodjanak, mint az oktalan állatok! Uraim — az emberi méltóság! Hiszen emberek vagyunk! Az oktalan állat se száll fel a villamosra, ha már nincs hely! Uraim, az istenért — tartsuk be a rendet, hiszen másképpen összeomlik minden, amit a bölcs kormányzat a jövő Magyarország és a törvényes kereteken belül feltételezett alkotmányos fejlődés érdekében megalkotott! Türelem, uraim, türelem — tessék várni a következő kocsira — a türelmes és szakszerű, rendszeresen elvégzett várakozás bizonyára megtermendi gyümölcsét[1] — egy szebb jövőt — persze csak a törvényes kereteken belül. Gondoljunk, uraim, a művelt nyugatra, — lebegjen szemünk előtt Németország

[1] A further parody of a pompous parliamentary speech.

nagy példája — a nemzeti parlament! Az alkotmányos nemzet nevében felszólítom az urakat, oszoljanak szét egymás hasából békésen és várják meg a következő villamost! Éljen a kalauz úr, éljen szeretett kocsivezetőnk, ki bölcs belátással vezeti kocsinkat e nehéz napokban — éljen a kormány!

Műfordítás[1]

Egy költői antológiában megjelent a következő szép versszak Ady Endrétől:

> Jöttem a Gangesz partjairól[2]
> Hol álmodoztam déli verőn,
> A szívem egy nagy harangvirág
> S finom remegések: az erőm.

Egy széplelkű műfordító olvasta az antológiát és kiváltképpen megtetszett neki ez a vers. Elhatározta, hogy a „Dichterstimmen" című folyóiratnak beküldi. Le is fordította következőképpen:

> Ich kam vom Ufer der Ganges
> Dort träumt ich von südischen Schlager
> Mein Herz, du Blume, du banges
> Du bist so zitternd, so mager.

Hát istenem, a rím kedvéért az ember változtat egyetmást egy ilyen műfordításban. Eddig minden rendben volt, de egy másik műfordító elolvasta a verset a „Dichterstimmen"-ben: nagyon megtetszett neki és elragadtatásában nem vette észre, hogy a verset magyarból fordították németre; eredetinek nézte és lefordítván magyarra, ilyen formában küldte be egy magyar szépirodalmi lapnak:

[1] A famous masterpiece. The German translations are to be imagined in gothic script.
[2] *A Tisza-parton* (1906).

Ufer, a zsidó kupléíró
Aludt a folyosón mélyen.
Barátja, Herz, biztatta
Hogy ne remegjen, ne féljen.

Egy kis félreértés tagadhatatlanul van a dologban: de ezekben a fene gót betűkben az ördög ismeri ki magát, — érthető, hogy a különben kitűnő műfordító a „südischen" szót „jüdischen"-nek olvasta. Azonkívül, hogy a Ganges szót „folyosónak" fordította, istenem, nem szabad elfelejteni, hogy a gang nálunk ilyesvalamit jelent. Más baj nem is lett volna, ha történetesen nem olvassa a verset egy harmadik műfordító, aki magyar versnek nézte, lefordította és beküldte a „Gedicht-Magazin"-nek, az alább olvasható tökéletes átköltésben:

O, Dichter der alten Juden
Was schläfst du im Flussalz so tief?
Hörst du nicht den stolzen Herzog
Der dir in Ohren rief?

No igen, ami a folyosót illeti, hát az igaz, hogy ha az ember német fordító, nem lehet tekintettel ilyen hajszálfinom árnyalati különbségekre, hogy minálunk „folyó só" és „folyosó" mást jelent. Azt pedig igazán meg lehet érteni, hogy egy ok nélkül előforduló „Herz" tulajdonnévről inkább azt teszi fel a fordító, hogy a „Herceg" rövidítése. A „Gedicht-Magazin" nem is nyomozott a kérdésben tanáros nagyképűséggel, hanem elismerve a poetica licentia jogosultságát, eladta[1] a verset és úgy került az a negyedik műfordító kezébe, aki aztán végérvényes magyar fordításban közölte a közben világhírűvé vált költeményt, még a következő formában:

[1] I.e. *kiadta.*

A Herz-féle szalámiban
Sokkal sűrűbb a só,
Mint más hasonló terményekben
Hidd el, ó nyájas olvasó!

Ami tekintve, hogy a „Dichter" szót „sűrűbb"-nek fordítani valóban éppen úgy lehet, mint „költő"-nek: egyelőre a legpontosabb magyar fordítása a rendkívüli költeménynek. A költő — eltekintve azoktól a módosításoktól, amiket a költői forma megenged — a vers tartalmán igazán keveset változtatott s amellett a magyar költészeten kívül még az illető szalámigyárost is hálára kötelezte, aki, reméljük, kifejezést is adott hálájának. Ami mindenképpen szép eredmény.

Lajos Zilahy
(born 1891)

Az ezüstszárnyú szélmalom

Dombon áll az öreg Páva Mátyás szélmalma. Már csak afféle dombon, amit errefelé az Alföldön dombnak neveznek. Tán a honfoglalás idejéből maradt itt ez a domb. Tass vezér[1] farkasbőrös katonái tán erre a dombra vezették fel a fehér lovat, áldozatul az Öreg Istennek. A máglya, amit zúgó tölgyerdők szálaiból raktak, akkora lángot csapott, hogy a láng megnyalta a felhőket. Akkor szélmalomnak még híre-hamva sem volt a világon. Kézidarálón törték a föld magvát, abból lett a korpapogácsa.[2] Tán húnok vagy törökök testhalma ez a domb, amelyen most ez a szélmalom áll, mint óriási síron óriási kereszt. Ha nem fú[3] a szél: a malom négy kitárt karja mondhatatlan vággyal öleli az alföldi táj méla messzeségeit.

Az öreg malom van vagy száz esztendős. Aki nem hiszi, nézze meg a hatszögű bálványoszlop[4] derekát, amely a köveket forgatja a homályos, hűvös malomban, ott a bálvány derekán az írás: ‚*Az Űr Engedelmével Építtetett Páva Lajos Molnár Mester által Anno* 1798'. Ha valaki a tenyerével lecsapja a bálvány derekáról a lisztet, meg a port, amivel az idő beszitálta,[5] mindjárt kitűnik a finom faragott írás. A képen is az látható, hogy két kutyafarkú oroszlán felemelt lábakkal pergeti a malomdobot.

[1] One of Arpád's grandsons.
[2] 'Bran-cakes.'
[3] =*fúj*.
[4] The vertical driving-shaft of the mill.
[5] 'Peppered.'

Nyilvánvaló, hogy a két oroszlán a szelet jelenti, az egyik a tavaszi szelet, a másik az őszi szelet. Néha úgy ordít a szél is a magyar pusztán, mint a Szaharában az oroszlán. Marcangolja a malomvitorlákat, és szinte lángot vet a veszett forgástól a malom nyaka. Pedig az vasból van. Bőjti napok alkonyán a kántorszél[1] úgy énekel a szakállas zsombékok felett, mintha valóságos kántor volna, akkora nagy, hogy a feje beleér az égbe, zsoltárt tart a kezében, úgy vezeti maga után a szelek processzióját.

Száz év alatt sokszor elnyűtte már a szél a malomvitorlákat, és Páva Mátyás bádoggal foltozta meg a tépett szárnyakat. Az új bádog ezüst színe nagyon csillogott a napsütésben, azért maradt rajta a név Páva Mátyás malmán: Ezüstszárnyú Szélmalom. Ennek van már vagy negyven esztendeje, azóta rozsdásfekete lett a bádog a szárnyakon, de a régi név rajta maradt.

A malom mellett tavacska, a tavacskában fehér rucák feredőznek.[2] Odébb két kis koszos malac túr a sárban. A domb alatt vonul az országút, rajta jönnek időnként éktelen zörgéssel és toronymagas porfelhőt kavarva az ácsi, árpádi, madarászi[3] szekerek.

Páva Mátyás átlépte már keshedt öreg csizmájával a nyolcvanadik esztendőt. Szúrós, acélszürke szeme fölé bozontos szemöldök borul, deres bajusza akkora, mint a vadgalambszárny.

Kék kötênye avas, rojtos gatyája is avas, kenetlen csizmája sarkát meg félretaposta az idő. Görbén megy, ha jár, egyik vállát lejjebb húzza, fejét félretartja, mintha mindig zsákot hordana.

Most ott áll a dombon. A korlátnak dőlve pipál, úgy néz le az útra. Szekér zörög Ács felől, sasszeme messziről megismeri benne az ácsi sógort, meg az öregasszonyt.

[1] *Kántor/böjt*=ember-days. [2] =*fürödnek*.

[3] Three place-names.

— Adj Isten!

— Adj Isten!

Az ácsi ember ostorával mutat a város felé, és túlkiabálja a szekérzörgést:

— Megyünk a doktorhó![1]

És mutogat hátra az asszony felé, akit a saroglyában ráz az utazás. Az asszony meg az öreg Pávának integet a fejével.

De a vén ember szeme meglátta a szekér alján a két zsák búzát. A kocsi már elhaladt, és amíg a pipát a korláthoz veregeti, mormog magában:

— Mentek az anyátok kínjába, de nem a doktorhó! Mentek a gőzmalomba!

Megfordul, és a malomajtó felé megy. Útközben csizmájával belerúg egy kivetett, korhadt kék fazékba, amely búgva röppen fel, és haragja elől menekül lefelé a domboldalon.

Leül odabenn az ablak mellé a gyalupadhoz. A gyalupadon meg a földön szanaszét a fenyőforgács jóillatú rózsái[2] hevernek. Könyököl és néz kifelé az ablakon. Szűk az ablak, mégis egy világ fér el benne. A keskeny kis ablakból látni lehet a háromtornyú várost. Az egyik a kálvinisták tornya, a másik a pápistáké. Az egyikén gomb, a másikon aranykereszt, amely most áttüzesedik az alkonyati fényességben. A harmadik tornyon se gomb, se kereszt, ez az ösztövér torony: a gözmalom kéménye. Ül az öreg Páva, könyököl és nézi ezt a tornyot, amit nyilván az ördög épített. Most megcsillannak az alkonyati messzeségen át a templomnál is magasabb malomépület kivilágított ablakai, mint egymásra rakott apró tűzkockák. Ott most sisteregnek az óriási szíjak, kalimpálnak a nagy kerekek, forognak a kövek, ringanak a sziták, dohognak a dobok, és fülsiketítő zajban hosszú csatornákon sziszeg és

[1] =*doktorhoz*.

[2] 'Shavings.'

fú a liszt. Egyszer ő is volt ott, ő is látta, de ütött szívvel kifordult onnan.

Két éve már, hogy a malom előtt — ott a korlátnak dőlve — látja elzörögni a város felé a szekereket. Mind a gőzmalomba mennek! Két esztendő óta csak az ácsi sógor szekere állt meg néha egy-két zsákkal az ezüstszárnyú szélmalom előtt, az is csak az atyafiság miatt. Két esztendő alatt annyit sem keresett, mint máskor egyetlen egy napon Péter-Pál[1] után. Háromszáz pengő betáblázást adott már az öreg takarék apránként a malomra — ennek is vége.

Bicskájával lenyesett egy darabot az avas szalonnából, amely megsárgulva lógott a deszkafalon. Kibontotta a kendőből a kenyeret, lassan bicskázni kezdte a szalonnát. Csak a két állkapcsa mozgott, bajusza szárnyai tátogtak, bozontos szemöldöke alól meredt szemmel nézett arra a másik malomra. A sógor, az ácsi sógor... — ezt nem tudta megemészteni a lelke. Az is a gőzmalomba vitte most már a két zsák búzát, a ragya verje ki a pofáját!

Alkonyati szél zúgott a malom felett. Most csikorogva roppant a bálvány és félig megfordult. Az a lapja, ahol a felírás látszott: „Épült, az Úr engedelmével . . ." — elfordult tőle. Odament, és megszorította a bálvány csikorgó láncait. De valami döbbenet maradt a lelkében, máskor sohase moccant meg a bálvány, ha a vitorlák odafent ki is voltak kapcsolva a felső dob fogaiból. Most elfordult tőle a régi vésett írás, mint amikor a haldokló a fal felé fordítja arcát.

Máskor ilyenkor már magára húzta a szűrt a földön, és aludni kezdett. Rablók ellen a malom előtt a kutyája, itt benn a csiszmaszárba dugott kése őrizte. Most ült a gyalupad mellett, és mozdulatlan szemgolyókkal meredt a megfeketedett éjszakába.

[1] 29 June.

Aztán felállt, és a sötétben motozva kénes masinát[1] gyujtott. Az égő gyufaszálat odavetette a gyalupad alá, ahol a forgács halmozódott. Aztán félvállra kapta a szűrt — arra, amelyiket feljebb hordott — és kilépett az éjszakába. Füttyentett a kutyájának és elindult a város felé.

Ment, ment, anélkül, hogy hátrafordult volna. Szimatolva ballagott utána a kutyája.

De egyszer mégis megfordult. Messze az éjszakában vörös tűzoszlop állott, és hamvadó tűzkarjaival integetett neki az Ezüstszárnyú Szélmalom.

Reggelig a város szélén ült az árokparton. Maradék szalonnáját megosztotta kutyájával.

Harangozáskor elindult a malom felé. Amikor a gőzmalom kátrányos léckerítéséhez ért, belerúgott a kutyájába, úgyhogy a kutya vonítva eloldalgott. Aztán bement az irodába. Zsíros kalapját a kezében forgatva, zavartan állt az igazgató előtt:

— Tekintetes uram . . . Napszámba állanék . . .

(1924)

[1] 'Match.'

Áron Tamási
(born 1897)

Találkozás

Kiléptem az útból és egy dombocskára telepedtem, hogy megolvassam a vagyonomat.

Tizenegyezer és kétszázharminc lejem[1] volt pontosan.

Ebből a tizenegyezret a legbelső zsebembe tettem, hogy a sírását senki meg ne hallja, a kétszázharmincat pedig kéz alá, hogy fáradtság esetén legyen mire támaszkodjam. Eme bankárkodás után széttekintettem, hogy a környék fekvésében is gyönyörködjem, de akkor egy emberbe botlott belé a szemem, aki nagy kézlengetéssel jődögélt felém az országúton. Gondoltam, hogy ezt az egyet bevárom s amikor csakugyan egyszintbe ért volna velem, én is rákiáltottam magamra:

— Talpra magyar![2]

Az ember egyszerre úgy megállott, mintha puskát sütöttem volna el s nem jóféle szemekkel nézett. De ha ki is szökött volna a szeme, énelőttem úgyis csak vándor az, aki az országútra szorul ebben a vonatjáró világban. Nagybátran odamentem melléje tehát és azt mondtam:

— No menjünk!

Az ember azt hihette, hogy elfogtam őt, mert ijedten nézett reám.

— Én senkinek sem vétettem semmit — szabadkozott.

— Nem baj — mondtam, — majd véteni fogunk.

[1] The story is set in Transylvania after World War I, when it became part of Rumania; hence the currency is in *lei*.

[2] From Petőfi's *Nemzeti dal*, p. 68.

Akkor sem akart jönni, hanem csak állt. Nem volt mit tennem,[1] jól megnéztem őt: magyaros fekete bajusza volt, szalmakalapja s fehér nadrágja s a fehér nadrághoz katonai bakkancs. Ebből mingyárt gondoltam, hogy szolgált a háborúban s megkérdeztem:

— Hány muszkát ölt meg?

Erre azt válaszolta, hogy megkérdezte:

— Kihez van tulajdonképpen szerencsém?[2]

— Hozzám — feleltem.

Megint nem tudta, mit csináljon. Végre megsajnáltam s azt mondtam neki, hogy tegye ki a bal lábát s azt ő ki is tette. Akkor számolni kezdtem:

— Egy!

S előre tettem a jobbat:

— Kettő!

Erre szépen megindultunk mind a ketten s hát egészen jól tudunk menni. Közben mind bátrabban s bátrabban nézett engem.

— Magyar vagy-e? — kérdezte.

— Én nem.

— Hát mi?

— Én honpolgár.

Erre elnevette magát s azt mondta:

— Jó, jó, de a származásod?

— Mindnyájan a majmoktól származtunk — feleltem.

Látta, hogy ezen az úton nem sokra megy velem s azért a nevemet kérdezte. Én azt megmondtam neki s erre ő is meg, hogy őt Kerekes Jánosnak hívják s állami tanító Alsó-Fehér megyében.

— Ha tanító, hát lám tanítson engemet is valamire! — mondtam neki.

— Én szívesen — felelte. — Hát mit akarsz tanulni?

[1] I.e. *nem volt semmi, amit lehetett tennem.*

[2] 'Whom have I the pleasure of addressing?'

— Mindent.

— Hát akkor kezdj el valamit!

Gondoltam, hogy csakugyan elkezdek valamit s így szóltam:

— Szép idő van.

— Szép — mondta a tanító.

— S poros az országút.

— Poros — felelte ismét.

No várj, gondoltam magamban, mert a végin csattan az ostor s így folytattam:

— S mi ketten megyünk rajta.

— Mi igen — mondta.

— S okosan beszélgetünk.

— Okosan.

— Kivált a nagyobbik — szóltam.

Itt már gyanút fogott, mert megállott és azt mondta:

— Nem állok kötélnek, hé!

— Elég kár — feleltem.

— Hát mért?

— Azért, mert otthon nálunk is volt valaki, akit úgyszintén nehéz volt kötélnek állítani.[1]

— Ki volt az? — kérdezte.

— Az egy szamár — mondtam.

Ebben a percben furcsa változást láttam a Kerekes úr arcán. A szemei megnőttek, mintha valami nagy öröm érte volna, majd közelebb hajolt hozzám, az ujjával reám mutatott és azt mondta:

— Te székely vagy!

— Miről gondolja? — kérdeztem.

— Én az észjárásodról.

— Úgy jár,[2] ahogy kell — mondtam. — Apám csinált volt[3] neki lábat s anyám felvirágozta.

[1] Word-play on the literal and metaphorical meanings of the phrase.

[2] Word-play on *jár* and *(ész)járás*.

[3] Dialect form; = *csinált*.

Furcsa ember volt Kerekes úr, mert ekkor könnyeket láttam a szemiben. Átölelte a nyakamot s apai hangon ezeket mondta:

— Ne csodálkozzál rajtam, édes fiam, Ábel . . . Ne csodálkozzál, mert tizenöt esztendeje Alsó-Fehérben lakom s nem igen láttam ott székelyt s most nagyon boldog vagyok, hogy ezen az országúton éppen egy székely fiút találtam. . . . Olyan boldog vagyok, hogy bármit megtennék érted, bármit a világon!

Engemet is meghatott erősen ez a hazai szív, de az egészséges eszem arra tanított, hogy szép a szó, de a tett bizonyít. Azért gondoltam hirtelen egyet s azt mondtam:

— Ha mindent megtenne értem, akkor itt van a hátizsákom s vigye egy darabig.

Ami erre következett, abból csakugyan elhittem, hogy Kerekes úr tizenöt esztendeje nem látott székelyt. Mert ha látott volna, akkor nem lett volna olyan bolond, hogy csakugyan elvegye tőlem erőszakkal is a hátizsákot s nagyember létire[1] vigye. S még boldog is volt alatta s megeredt a szava is.

(*Ábel az országban*, 1933)

[1] =*létére* 'although he was'.

Lőrinc Szabó
(born 1900)

Hajnali rigók

Hajnali négykor bekiabáltak,
ahogy a torkukon kifért,
(bár az ablak alatt a fáknak
zöld korcsmáiba még alig ért,
még nem is ért új fénye a napnak)
s mint a bolondok, úgy kacagtak,
kurjongattak az ablak alatt vad
vígadozásban a kerti rigók.

Hajnali négykor e szárnyas égi
korhelyek dala vert ma fel.
Micsoda hangok csetepatéi!
Füttyök, sípok, ezer meg ezer!
Bosszantott ez a csibészlárma,
de a szívem nemsokára
együtt dalolt, egy nótára
vert veletek, buta sárgarigók.

S mintha én volnék a hajnal,
mintha én volnék a kert,
úgy megteltem e friss zsivajjal,
úgy telezengett az irigyelt
állati jókedv bölcsessége,
hogy valami könnyü égbe,
földöntúli békességbe
vittek, emeltek a földi rigók.

Hajnali négytől harsogott a
korhelynóta az ablak alatt;
úgy zengett az a dal, hogy azóta
nélküle is csupa fütty a nap;
csupa fütty, pedig elhallgattak
s reggelre emlék maradt csak
hogy milyen éktelenül mulattak
a hajnali kertben a sárgarigók.

(1931)

Babits[1]

Mit láttam benned? Hőst, szentet, királyt.
Mit láttál bennem? Rendetlen szabályt.
Mit láttam benned? Magam végzetét.
Mit láttál bennem? Egy út kezdetét.
Mit benned én? Gyászt, magányt, titkokat.
Mit bennem te? Dacot és szitkokat.
Aztán, mit én? Jövőm rémálmait.
S te? Egy torzonborz állat vágyait.
Én? Istent, akit meg kell váltani.
Te? Hogy jönnek a pokol zászlai.
S később? Hogy az ellenség én vagyok.
S én? Azt, akit soha el nem hagyok.
Te, tíz év mulva? Tán mégis fiad?
S én, húsz év mulva? Láss már, égi Vak!
S húsz év mulva, te? Nincs mit tenni, fájj!
S a legvégén, te? Így rendeltetett.
S én, ma s mindig? Nincs senkim kivüled.

(*Tücsökzene*, 1948)

[1] See pp. 140–4. This brief extract from an autobiographical poem describes the friendship and estrangement of the two poets.

Sándor Márai (born 1900)

Csillag

Zágonba[1] eljutni, különösen ünnepnapon, mikor nem jár a társaskocsi, bajos vállalkozás: a sepsiszentgyörgyi rendőrkapitánytól kapok engedélyt, hogy kocsit bérelhessek, s az engedélyhez végül, üggyel-bajjal, kocsi is kerül. Az út harminc kilométer mindössze és a táj gyönyörű; Kovásznán át megyünk, egy pillanatra megnézzük a szénsavas medencében fürdőzőket, s a Háromszéki havasok tövében állunk meg. Tiszta, világos nyári délután: az Ojtozi-szoros, a történelmi országhatár, a beláthatatlan fenyőerdők sötét színekkel ragyognak az erős fényben. A levegő sűrű és erős. A kocsi megáll a falu közepén, a református templom előtt. Zágon, mondja a vezető. S megkérdi, mit akarok itt?

— Látni, — felelem — Mikes szülőházát, vagy azt, ami megmaradt belőle.

— Nem maradt semmi, — mondja. — De az a ház ott szemben a posta mellett, Kiss Manyi szülőháza.

A református lelkész végül útbaigazít. Könyvei között találom, a lelkészlakban, olyan békében, ahogyan csak azok az emberek tudnak élni és dolgozni, akik egészen otthon vannak valahol. Megtudom tőle, hogy Mikes szülőháza körül több a helyi legenda, mint az ellenőriz-

[1] Kelemen Mikes's birthplace in Transylvania, which at this date was within the Hungarian frontier. See also Lévay, *Mikes*, p. 77, of which there are many echoes in this essay.

hető valóság. A család jómódú volt, feltehető, hogy Mikes kastélyban született. De a hagyomány ott keresi szülőházát a falu végén, ahol most egy malom áll, s a híres tölgyek, melyeket — állítólag — még Mikes Kelemen apja ültetett, kétszázötven esztendő előtt. Mindez mondakör. A valóság csak az anyakönyvi tény: itt született a magyar irodalom egyik legnagyobb elbeszélője, a magyar irodalmi nyelv egyik megteremtője.

Amíg átmegyek a falun, a Kónya-malom felé, ahol Mikes tölgyei állanak, eltünődöm, mit is keresek e helyen? Ha felnyitom a *Törökországi levelek*-et, minden oldalán több adatot találok és többet tudok meg Mikesről, mint Zágonban. Miért, hogy ennek a helységnévnek ilyen különös varázsa van minden magyar számára? Egy ember, kétszáz év előtt, egy nagy nemzeti ügy szolgálatában feláldozta mindenét: otthonát, kényelmét, vagyonát, személyes biztonságát, s egy veszett ügy nyomában bujdokolva rótta hűségesen, ura lépteinek nyomában, Lengyelország, Anglia, Franciaország, majd Törökország útjait. Nem maradt semmije a világból, mely valamikor otthona volt, csak ennek a falunak emléke. A kolozsvári jezsuitáknál tanult, bejárta bujdosó vándorútján Európát, kitűnően beszélt és írt franciául, sokat olvasott, túlélte bujdosó kortársait és a Fejedelmet, kinek Levelei-ben olyan megható, gyöngéd és nemes emléket állított, melynek kevés párja akad a világirodalomban. Magas kort ért el, hetvenegy esztendős korában halt meg, Törökországban, pestisben, oly magányosan, oly árván, oly reménytelen egyedülletben, testétől és lelkétől oly vadidegen környezetben, amilyen magányt a börtönben sem talál az ember. Örmények, görögök, törökök és zsidók lakják Rodostót, s a négy náció között nem akad tíz ember, akivel évtízedeken át értelmes szót válthat. A „constancinápolyi" francia követ és „nádmézédes" felesége látják el francia, latin könyvekkel; ez minden vigasztalása. Amíg a Fejedelem él, akad valamilyen mesterséges elfoglaltsága, a nap bizonyos óráiban meg kell jelennie „ura udvarlására" e mesterségesen fenntartott rodostói fejedelmi udvarban, amely valóságban szomorú paródiája csak — e vaksi és süket környezetben — a fejedelmi udvartartásnak. De mikor ura meghal, bujdosó társai elhullanak, a hazatérés reménye minden évtízeddel halványabb. Kőszeghy Zsuzsikát, egyetlen, boldogtalan szerelme hősnőjét elveszi a gazdag Bercsényi s mikor a nagyúr elhal, a fiatal özvegy csomagol és Lengyelországba vonul: nem marad már semmije, csak az írótoll. A Márvány-tenger partján él egy magyar író s ízes, csodálatos, természetes, könnyű, egyszerű irállyal leírja mindazt, amit a világról és az emberi sorsról gondol. Minden elveszett, ami életének értelmet adott: az ügy, melyre felesküdött, az ember, akit szolgált, a nő, akit szeretett. Élete utolsó éveiben a vakság kínozza, az olvasással is fel kell hagynia. S ez a lélek utolsó pillanatig, a kilobbanásig erős és öntudatos marad. Panaszkodik, de soha nem sopánkodik; kort, embereket, összefüggéseket, ízlést, divatot kitűnően lát és figyel meg, érzékletesen ad vissza. S lelke mélyén, olyan zúgással, melyet a Márvány-tenger monoton hullámverése sem tud túlkiabálni, örökké él és szól ez a helységnév: Zágon. Már csak Zágont szeretné látni, mégegyszer! Ezt a falut, melynek poros utcáján most átmegyek, a Háromszéki havasokat a falu mögött, ezt a tájat, mégegyszer! S olyan erővel zúg e lélekben a vágyódás, e minden szerelemnél fájdalmasabb vágyakozás és emlék, hogy évszázadok múlnak el, s a helységnév e vágyódás akaratából mind tudatosabban, jelképszerűen él a magyarság lelkében. Egy költő átadja fájdalmának titokzatos akaratát az időben nemzetének. Ha kimondjuk ezt a szót: haza, — megszólal lelkünkben Mikes hangja, s Zágonra gondolunk, a történelmi keleti országhatár e parányi falujára. S jönnek tragikus évtizedek, mikor Zágont idegen uralom alá hajtja a végzet; s egy nemzet nem szűnik meg emlékezni e falura, mely a költő akaratából sokkal több már, mint a magyar felségterület egy szerves darabja, nem, ez a falu már jelkép, végzetes értelme van. Ez a falu, mely fölött egy halovány csillag ragyog. Mit mutat ez a csillag? Egy nép szerelmét, egy költő emlékét, a magyarság egységének öntudatát.

Ez Zágon; s a többi, amit találok a faluban, csak legenda. A Kónya-malom vígan zakatol, a molnár kivezet Mikes évszázados tölgyeihez. Leülök a tölgyek tövében és cigarettázom. Csodálatosan itthon érzem magam: egy halott írótárs vendége vagyok. Ez az írótárs szellemével és tehetségével ajándékba adta mindannyiunknak, a magyar irodalomnak a könnyű, édes, készséges kifejezést, a magyar irodalmi nyelvet; úgy írt, ahogyan előtte csak nagyon kevesen, s csak az erdélyi memoár-írók tudtak írni. Oly lágy ez a nyelv, oly kifejező; ízes, mintha francia irodalmi szalonokban csiszolták volna, s ugyanakkor oly erős, közvetlen és természetes, mint a népnyelv. Egyszerre európaian irodalmi és kötötten, végzetesen magyar Mikes nyelve. S a sorsa, ez a magányos írói sors, melynek a honvágy volt egyetlen Múzsája, mennyire ismerős! A magyar író mindig egyfajta számkivetésben él: néha itthon, néha Rodostóban.

De a csillag ragyog valahol, Zágon felett; s egy nép tudja ezt és mindig megtalálja e csillag halovány fénye mellett az utat sorsa titkosabb értelme felé.

(1942)

Gyula Illyés
(born 1902)

Az iskola

Az iskola ajtaját reggel félnyolckor nyitotta ki Hanák bácsi gazdasszonya. Az iskolára szívesen emlékszem, — mit szedtem ott magamba, hogy hasonlóan a napok mulva ható lázidéző orvosszerekhez, most, esztendők mulva üt ki rajtam és derít kedvre? A félnyolcra megjelent,[1] törekvőbb tanulók különböző fő- és alosztályba különültek.[2] Legkellemesebb a vízhordók együttese volt, ebbe a gazdasszony, Pápa néni, hat fiút és négy lányt osztott be. Mi, fiúk, párosával közrefogtunk egy-egy kannát vagy sajtárt s vidám eszméket cserélve elcsúszkáltunk[3] a puszta-kútig. Négy-öt fordulóval megtöltöttük a konyhában álló nagy szapulókádat s a kertben a három hordót, amelyből aztán a vizet a lányok a méhek vékony vályucskáiba és a paradicsomágyak ötletes csatornácskáiba továbbították. Hanák bácsi ugyanis kitűnő minta-kertész volt s megyeszerte híres méhész. A gyermekek másik csoportja ezenközben répaszeletet vágott a teheneknek, megetette a sertéseket és a baromfiakat. A következő kis különítmény kukoricát morzsolt. A favágittó[4] körül is foglaltoskodtak néhányan, kelletlenül, mert ezt senki sem szerette. De az egyik csoportból a másikba csak engedéllyel lehetett átlépni; rend volt. A közmondásba került állapot, hogy az iskola egyik fele büntetésből, a másik fele meg

[1] Past participle.
[2] 'Were divided.'
[3] 'Slip away.'
[4] 'Wood-chopper.'

kitüntetésből kapál a tanító kertjében, csak ritkán, a kellemes májusi esők után valósult meg. Mindez pontosan egy óra hosszat tartott. Reggeli tevékenységünk befejezése után Hanák bácsi megjelent a teremben, addigra mind a hat osztály egybegyűlt. Kitörő örömmel fogadtuk. Egyik sor padban ültek a lányok, másikban a fiúk, koedukációs rendszer volt. Megindult a tanítás.

Aki akart, rengeteget tanulhatott, s azt, ami tetszett neki; gazdag választék állt rendelkezésére. Hanák bácsi először az első osztályosoknak magyarázott, azután a másodikosoknak, majd a harmadikosoknak és így tovább. Míg az egyik osztállyal foglalatoskodott, a többi leckéjét készítette, esetleg azalatt is vizet hordott, ha például épp nagymosás volt a háznál. A feleltetés[1] a szabad verseny elve szerint folyt, a felsőbb osztályosokhoz intézett kérdésekre az alsóbb osztályosok is jelentkezhettek s feleletüket Hanák bácsi az előhaladás megítélésénél tekintetbe vette. Így történhetett, hogy elsős koromban már kiterjedt ismereteim voltak alkotmánytanból, mert azt is tanultunk. Az egyszeregy s a számtani alapműveletek végleges elsajátítását viszont utoljára az érettségi előtt határoztam el, félve, hogy a biztos[2] nem érti meg majd „pillanatnyi zavaromat", amelynek következtében közepesnél jobb mathematikus létemre[3] a nyolc esztendő alatt oly sokszor megesett velem, hogy egy egyszerű szorzást nem tudtam elvégezni. Hanák bácsi alatt főleg a gyónási imádságot gyakoroltuk, hihetetlen gyors ütemben. Hanák bácsi órával a kezében ellenőrizte az iramot s pálcával vezényelte, hogy még szaporábban! A feleltetés ebből verseny volt. Igazi bajnokok akadtak köztünk.

Az iskolát mindenki rossz szemmel nézte. A költségeket a törvény értelmében az uradalom viselte s mi haszna

[1] I.e. question and answer. [2] 'Chief examiner.' [3] 'Although I was.'

volt belőle? Vannak gazdasági munkák, amelyeket korunk tekintélyes szakértői szerint is igazán jól csak gyermekek tudnak végezni, például a bab- vagy lencseszemezés. A répabogárszedésre is az ő friss, hajlékony derekuk alkalmas, még nem emelkedett messzire a földtől. Kellő ellenőrzés és ösztökelés mellett a gyomlálással is fele idő alatt elkészülnek, mint a felnőttek.

Harsányan helyeseltünk, ha valamelyik reggel az iskolába lépve megtudtuk, hogy tanítás helyett a határba vonulunk. Kivonultunk és répabogarat szedtünk. Szabadnap volt, de nem mondom, hogy ilyenkor tanultunk legkevesebbet. Az élet számára tanultunk. Hanák bácsi nem kísért el bennünket, hívatását ilyenkor az uradalom rendes parancsolói vállalták magukra; egy nap alatt természetesen nem tudtak kizökkenni a rendes kerékvágásból; úgy kezeltek bennünket is, mint a felnőtteket. Pálcával jártak mögöttünk, rövid, de ügyes ütéseket pattintottak a hajlás közben égrefeszülő nadrágunkra s szóval is igyekeztek reggeli lelkes buzgalmunkat helyes irányba terelni. Érdekes, hogy bár Hanák bácsi legenyhébb kézlegyintésre is pokoli bömbölés rázta meg a termet, itt egy pissz sem hallatszott. Mi volt ez? A kötelesség érzése vagy isten szabad egének hatása? A természet nagy sugallata, hogy itt férfiasan helyt kell állni, verejtékezve s könnyezve is? Kigúnyoltuk, sőt titokban ráadásul magunk is meglegyintettük azt, akinél gyorsan eltört a mécses;[1] mintha valami játékot bontott volna meg, amelynek szabályait már sejtettük.

Ilyen munkákat az uradalom napszámért is végeztetett a gyerekekkel. Tíz vagy húsz fillérben részesültünk egy nap és az elégtételben, hogy ilyenkor a férfiakkal egy időben keltünk, vagyis napfelkelte előtt; épp oly tarisznyát kaptunk, mint ők, egyik-másik barátom meg a kupica pálinkát is megkapta, a cselédek hajnali „belső mosdató"-ját.

[1] I.e. who broke down and began to cry.

Pálinkát mi nem ihattunk, de nagymama helyeselte, hogy napszámba járjunk (még később is, mikor a középiskola felsőbb osztályait látogattam). „Csak edződjenek, — mondta — annál jobban megbecsülik majd, ha az életben véletlenül jó dolguk lesz."

Az iskolát általában a szülők sem szenvedhették, valami távoli, az ügyeket közelről nem ismerő hatalom okvetetlenkedésének tartották. Az iskolalátogatásért a gyerekek nem kaptak napszámot, a borsó böngészésért kaptak. A 9-10 esztendősöket már el is lehetett szegődtetni. Az iskolába úgy küldték a gyerekeket, mintha szívességből, mintha ingyen munkába küldték volna őket. Mindenesetre ebédet nem adtak nekik. Bár legtöbbször, ha akarnak, akkor sem tudtak volna adni.

A tanulóknak körülbelül fele a puszta távoli részéből járt be, oly messzeségből, hogy a délelőtti és délutáni tanítás közt haza sem mehettek. Mit ettek ezek? Ezek semmit sem ettek. Aki egy karéj kenyeret hozott, vagy egy zsebkendőnyi főtt kukoricát, az már gazdag volt s egy-egy gondosan kimért morzsa ellenében uralkodott a többin, azt tehette társaival, amit akart.

A pusztai iskola amellett szégyenhely volt . . . úriember oda nem küldte gyermekét. A pusztai értelmiség a falvakba küldte, vagy a városokba. Sok szó esett erről a mi családunkban is, nem azért, mert előkelők akartunk lenni, hanem mert nagymama fontosnak tartotta, hogy a gyerekek tanuljanak is valamit, ne csak a nadrágjukat koptassák s poroltassák. Nyakába vette a falvakat. Rossz hírekkel tért meg. A k.-i tanító módszere az volt, hogy reggel megrakta trágyával a szekerét, megállt az iskola előtt, végig pálcázta az osztályt, s aztán ment tovább, ki a földjeire. Kitűnő gazda volt. Tizenegy óra felé, visszajövet,[1] megint helybenhagyta az osztályt; tanítani[2] csak

[1] 'On his way back.' [2] Emphatic repetition: 'as for teaching'.

esős időben tanított. D.-ben minden gyereknek mindennap egy darab fát kellett a tanító katedrája mellé letennie; aki két darabot hozott, az aznapra mentesült minden szellemi megerőltetéstől. V.-ben pedig . . . a helyzet nagyjából mindenütt ugyanaz volt. Maradt Ozora, amelynek iskolájáról, a katolikusokról sokat beszéltek, talán azért, mert emeletes volt. Testvéreim már ott tanultak. Úgy látszott, én sem kerülhetem el. Anyám összecsomagolta a holmimat, elindultunk. Simontornyán új csizmát kaptam, mentünk tovább. De a határban, a Sió második hídjánál anyám hirtelen megállt. Sokáig föl-alájárt, egyszerre a karjába vett, szeméből patakzottak a könnyek. „El akarod hagyni az anyádat?" — kérdezte. — „Nem" — feleltem komolyan. Honnan tudtam, mire gondol? Ozora nemcsak apám családjának szellemét jelentette, hanem akkor már anyánktól való elidegenedést is. Visszafordultunk. „Olvasni már tudok" — mondtam később. Rácegresen írattak be; a másodikba[1] vagy a harmadikba.

(*Puszták népe*, 1936)

Megy az eke

Megy az eke, szaporodik
a barázda,
mintha egy nagy könyv iródnék
olvasásra.
Papirosa a határ, a
tenger széles,[2]
a tolla meg az a szegény
öreg béres.

[1] I.e., *második osztályba.*
[2] Adjectival, with *határ.*

Megy az eke, telik a könyv
sorról-sorra.
Én vagyok az egyedüli
olvasója.
Én tudom csak, mit jelent ez
és mit ér ez,
először szánt a magáén
az a béres.

Megy az eke a felemás
két tehénnel,
mintha menne édesanya
kisdedével.
Elkerült a páncélos
roncsát bölcsen;
legyen ez a magyarázó
kép a könyvében.

Megy az eke, megy a magyar
sorról-sorra
lankadatlan, mintha puszta
szerszám volna.
Fogy az ugar, nő a szántás
telve-terjed.
Magyarország, így írják a
történelmed.

Ki az a kéz, ki az a nagy
névtelen toll?
Megvárom, míg kifordul a
mesgyesorból,
hadd szorítsam a kezembe
valahára —
De meg sem áll, de csak int, hogy
még mi várja.

(1945)

Attila József
(1905-1937)

Betlehemi királyok[1]

Adjonisten,[2] Jézusunk, Jézusunk!
Három király mi vagyunk.
Lángos csillag állt felettünk,
gyalog jöttünk, mert siettünk,
kis juhocska mondta — biztos
itt lakik a Jézus Krisztus.
Menyhárt király a nevem.
Segíts, édes Istenem!

Istenfia, jónapot, jónapot!
Nem vagyunk mi vén papok.
Úgy hallottuk, megszülettél,
szegények királya lettél.
Benéztünk hát kicsit hozzád,
Üdvösségünk, égi ország!
Gáspár volnék, afféle
földi király személye.

Adjonisten, Megváltó, Megváltó!
Jöttünk meleg országból.
Főtt kolbászunk mind elfogyott,
fényes csizmánk is megrogyott,

[1] Dramatic representation of the Three Kings was common in Hungary. This folk-style poem contains a mixture of local and Christian elements typical of such children's dramas.

[2] In full *Adjon Isten jó napot.*

hoztunk aranyat hat marékkal,
tömjént egész vasfazékkal.
Én vagyok a Boldizsár,
aki szerecseny[1] király.

Irul-pirul Mária, Mária,
boldogságos kis mama.
Hulló könnye záporán át
alig látja Jézuskáját.
A sok pásztor mind muzsikál.
Meg is kéne szoptatni már.
Kedves három királyok,
jóéjszakát kívánok!

(1929)

Külvárosi éj

A mellékudvarból a fény
hálóját lassan emeli,
mint gödör a víz fenekén,
konyhánk már homállyal teli.

Csönd, — — lomhán szinte lábrakap
s mászik a súroló kefe;
fölötte egy kis faldarab
azon tünődik, hulljon-e.

S olajos rongyokban az égen
megáll, sóhajt az éj;
leül a város szélinél.[2]
Megindul ingón át a téren;
egy kevés holdat gyújt, hogy égjen.

[1] 'Saracen.' [2] =*szélénél.*

Mint az omladék, úgy állnak
a gyárak,
de még
keszül bennük a tömörebb sötét,
a csönd talapzata.

S a szövőgyárak ablakán
kötegbe száll
a holdsugár,
a hold lágy fénye a fonál
a bordás szövőszékeken
s reggelig, míg a munka áll,
a gépek mogorván szövik
szövőnők omló álmait.

S odébb, mint boltos temető,
vasgyár, cementgyár, csavargyár.
Visszhangzó családi kripták.
A komor föltámadás titkát
őrzik ezek az üzemek.
Egy macska kotor a palánkon
s a babonás éjjeli őr
lidércet lát, gyors fényjelet, —
a bogárhátú dinamók
hűvösen fénylenek.

Vonatfütty.

Nedvesség motoz a homályban,
a földre ledőlt fa lombjában
s megnehezíti
az út porát.

Az úton rendőr, motyogó munkás.
Röpcédulákkal egy-egy elvtárs
iramlik át.
Kutyaként szimatol előre
és mint a macska, fülel hátra;
kerülő útja minden lámpa.

Romlott fényt hány a korcsma szája,
tócsát okádik ablaka;
benn fuldokolva leng a lámpa,
napszámos virraszt egymaga.
Szundít a korcsmáros, szuszog,
ő nekivicsorít a falnak,
búja lépcsőkön fölbuzog,
sír. Élteti a forradalmat.

Akár a hült érc, merevek
a csattogó vizek.
Kóbor kutyaként jár a szél,
nagy lógó nyelve vizet ér
és nyeli a vizet.
Szalmazsákok, mint tutajok,
úsznak némán az éjjel árján — —

A raktár megfeneklett bárka,
az öntőműhely vasladik
s piros kisdedet álmodik
a vasöntő az ércformákba.

Minden nedves, minden nehéz.
A nyomor országairól
térképet rajzol a penész.
S amott a kopár réteken
rongyok a rongyos füveken

s papír. Hogy' mászna! Mocorog
s indulni erőtlen . . .

Nedves, tapadós szeled mása[1]
szennyes lepedők lobogása,
óh éj!
Csüngsz az egen, mint kötelen
foszló perkál[2] s az életen
a bú, óh éj!
Szegények éje! Légy szenem,
füstölögj itt a szívemen,
olvaszd ki bennem a vasat,
álló üllőt, mely nem hasad,
kalapácsot, mely cikkan pengve,
— sikló pengét a győzelemre,
óh éj!

Az éj komoly, az éj nehéz.
Alszom hát én is, testvérek.
Ne üljön lelkünkre szenvedés.
Ne csípje testünket féreg.

(1932)

Thomas Mann üdvözlése[3]

Mint gyermek, aki már pihenni vágyik
és el is jutott a nyugalmas ágyig,
még megkérlel, hogy „Ne menj el, mesélj" — —
(igy nem szökik rá hirtelen az éj)
s míg kis szive nagyot szorongva dobban,
tán ő se tudja, mit is kíván jobban,

[1] I.e. 'like'. [2] 'Cotton-threads.'

[3] Written on the occasion of Thomas Mann's visit to Budapest in January 1937, when he gave a lecture at the Magyar Színház.

a mesét-e, vagy azt, hogy ott legyél:
így kérünk: Ülj le közénk és mesélj.
Mondd el, mit szoktál, bár mi nem feledjük,
mesélj arról, hogy itt vagy velünk együtt
s együtt vagyunk veled mindannyian,
kinek emberhez méltó gondja van.
Te jól tudod, a költő sose lódít:
az igazat mondd, ne csak a valódit,
a fényt, amelytől világlik agyunk,
hisz egymás nélkül sötétben vagyunk.
Ahogy Hans Castorp madame Chauchat testén,[1]
hadd lássunk át magunkon itt ez estén.
Párnás szavadon át nem üt a zaj — —
mesélj arról, mi a szép, mi a baj,
emelvén szívünk a gyásztól a vágyig.
Most temettük el szegény Kosztolányit[2]
s az emberségen, mint rajta a rák,
nem egy szörny-állam[3] iszonyata rág
s mi borzadozva kérdezzük, mi lesz még,
honnan uszulnak ránk új ordas eszmék,
fő-e új méreg, mely közénk hatol — —
meddig lesz hely, hol fölolvashatol? . . .
Arról van szó, ha te szólsz, ne lohadjunk,
de mi férfiak férfiak maradjunk
és nők a nők — szabadok, kedvesek
s mind ember, mert az egyre kevesebb . . .
Foglalj helyet. Kezdd el a mesét szépen.
Mi hallgatunk és lesz, aki csak éppen
néz téged, mert örül, hogy lát ma itt
fehérek közt egy európait.

(1937)

[1] A reference to Mann's *Der Zauberberg*.
[2] He died on 3 November 1936, of cancer.
[3] A reference to the fascism from which Mann was escaping.

Index of Authors